Gottlieb Stiller

Das Leben im himmlischen Reich

AF219723

GOTTLIEB STILLER

Das Leben
im himmlischen Reich

Der Weg zur göttlichen Vollkommenheit

Bibliografische Information der Deutschen Nationalbibliothek:
Die Deutsche Nationalbibliothek verzeichnet diese Publikation in
der Deutschen Nationalbibliografie; detaillierte bibliografische
Daten sind im Internet über http://dnb.dnb.de abrufbar.

Neuauflage © 2021 Gottlieb Stiller
Herausgegeben von Klaus Kardelke
Herstellung und Verlag: BoD – Books on Demand, Norderstedt
Umschlagbild: Pixabay
ISBN 978-3-75573-406-2

Inhalt

Vorwort

Dieser Schrift soll ein Wort aus dem Propheten Daniel vorangestellt werden, wo es heißt: „Denn es ist verborgen und versiegelt bis auf die letzte Zeit." (12,9) Diese Zeit erlebt die Menschheit heute. Auf allen Gebieten des menschlichen Lebens, sowie in der Natur zeigt sich, dass wir in der großen Wendezeit leben, von der die Seher aller Zeiten und vor allem die prophetischen Aussagen der Heiligen Schrift künden. Da zerbrechen auf der einen Seite nicht nur die morbiden Strukturen, einer sich selbst verzehrenden Welt, sondern es wird der Menschheit auf der anderen Seite auch Neues aus den Himmeln geschenkt. Zu diesen neuzeitlichen Offenbarungen gehört auch das in diesem Buch dargelegte Wissen über die jenseitigen Entwicklungsstufen.

Was ist geoffenbartes Wissen? Diese Frage wird sich dem Leser sofort aufdrängen. Und es ist verständlich, wenn in einer Zeit, in der die Menschheit vom zweifelnden Verstand gelenkt und geleitet wird, nach einer klärende Antwort gefragt wird.

Der Verstandeskraft steht eine im Menschen schlummernde und noch wenig gepflegte Kraft gegenüber: Die Herzenskraft. Sie ist der direkte Zugang, zum in uns schlummernden, göttlichen Geistfunken. Diese Herzenskräfte tun sich entscheidend auf, wenn die Seele erwacht, nach dem Sinn und Ziel ihres Lebens zu fragen und zu forschen beginnt. Wenn ein Mensch die geistigen Wege aufrichtig und aus innerer Sehnsucht betritt, so wird der göttliche Geistfunke im Menschen sich mehr und mehr zu regen beginnen. Es ist das Geistfeuer, von dem Jesus Christus sprach, dass Er gekommen sei es im Menschen anzuzünden. Wenn dieses Geistesfeuer im Herzen lebendig wird, werden die

Voraussetzungen geschaffen, dass der Geist Gottes solche Seelen als Einsprachegefäße, oder Vermittler benutzen kann. Solches, auf diesem Wege erlangte geistige Wissen nennen wir göttliche oder geistige Offenbarung. Es ist das himmlische Manna, mit dem die Kinder Gottes in der geistigen Wüste der Welt immer wieder gespeist werden. Es ist als das innere Worte bekannt und in der Religionsgeschichte, sowie durch die Mystiker vielfach zu belegen.

Das geoffenbarte Wissen, wenn es durch wirklich geläuterte Seelen fließt, ist dazu angetan, viel Segen in die Herzen der Menschheit zu tragen. Daneben hat uns der Herr Jesus Selbst den Heiligen Geist verheißen, der uns in alle Tiefen der Weisheit und Wahrheiten Gottes einführen wird. Dass der Heilige Geist dies oftmals auch mittelbar durch glaubensreife Menschen tut, zeigt die Religionsgeschichte immer wieder. So sind solche, von Gott erwählten Gefäße, ein Segen für alle gläubigen oder suchenden Menschen, da sie praktisch als Postboten für die himmlisch-geistige Welt fungieren.

Bei der vorliegenden Niederschrift handelt es sich um eine auf diesem Wege erhaltene Offenbarung. Dem Leser werden tiefste Einblicke in die geistigen Welten bzw. in die einzelnen Himmelsstufen gewährt. Ja, noch mehr, er wird in Gottes Werkstatt schauen und Wahrheiten über erhabenste Gottesgeheimnisse vermittelt bekommen, wie sie die Menschheit in dieser Kürze, dabei aber auch Weite und Tiefe bisher nicht geschenkt bekam. Das Herz erahnt hier oft in heiligem Zittern, was der Verstand noch gar nicht richtig einordnen kann.

Der Nur-Gehirn-Mensch wird allerdings mit diesem Wissen nichts anfangen können. Wir haben deshalb Verständnis dafür, wenn er das Buch zur Seite legt. Möge er es aber ohne Kritik und Herabsetzung tun. Wenn das geistige Auge und die Herzenskräfte noch schlummern, ist eine Aufnahme rein geistiger Kost nicht möglich.

Diejenigen aber, die geöffnet sind, werden Kräfte verspüren, die von diesem hier übermittelten Geistesgut ausstrahlen, welche sie in eine heilsame Unruhe zu versetzen vermag. Sie werden ein Drängen und Sehnen in der Seele wahrnehmen, das ihnen Anstoß sein möge, alle in der Welt verstreuten Gedanken und Kräfte zu sammeln, um sich wieder auf die wesentliche Aufgabe unseres Erdenlebens zu konzentrieren.

Wer in diesem Sinne den Inhalt der Schrift aufnimmt, der wird reichen Segen ernten. Mögen viele Seelen die schon auf dem Wege sind, oder vielleicht noch nach einer Orientierung suchen, aus dieser Schrift eine Hilfe für ihren weiteren Lebensweg erhalten.

Einleitung

„Die Engel sind dienstbare Geister, ausersehen zum Dienste an denen, die das Himmelreich ererben sollen."
(Hebr. 1,13-14)

Es gehört zum wahren Jüngerleben, dass die Seele sich ausstreckt nach ihrer ewigen Heimat. Wie das Kind sich nach der Heimat der Eltern sehnt, so auch die Seele des Jüngers nach der Heimat des ewigen himmlischen Vaters. Und wie ein Kind danach verlangt zu wissen, wie das Vaterhaus gestaltet ist, so auch die Seele des Menschen.

Man muss sich nur die Augen öffnen lassen für das, was geschrieben ist, dann wird sich eine Fülle von Licht über jede Frage ergießen. Du hast bisher oft danach gefragt und viel gesucht und du tust gut daran, wenn du alles was dir begegnet, ernst nimmst und prüfst. Es wird wohl so sein, dass dir manches vor die Augen kommt, was nicht in der Ordnung zu sein scheint. Aber sei getrost, wenn du nur alles in das prüfende Licht des Himmlischen stellst, dann wirst du nichts Falsches aufnehmen. Und wenn dies sogar vorkommen sollte, dann wird solches sehr schnell klargestellt werden, wenn du nach Hause kommst. Es ist nur wichtig, dass du die Bilder nicht einfach für die Sache nimmst, da wir nicht anders können, als zu euch in Bildern reden. Da geht es immer wieder nach dem Ausspruche des Apostels: „Ich hörte unaussprechliche Worte." (2. Kor. 12,4)

Du darfst aber deshalb nicht ängstlich werden, sondern musst deiner Seele die Flügel wachsen lassen, dass sie sich mit uns erheben kann in die ewige Heimat. Wir freuen uns ja so sehr, wenn wir einen Freund haben, den wir einführen können in das Leben der Heimat. Oh mein Freund, halte dich daran, dass du vorwärts kommst in der Erkenntnis des Ewigen und Göttlichen. Glaube mir, es gibt keine Wissenschaft in dieser Welt, die für dich so nützlich, ist wie der Umgang und das Erforschen des Himmlischen. Darum wenden sich viele Gläubige ab, weil das in ihren Augen eine unfruchtbare Spekulation ist. Sie vergessen ganz, dass in ihren naturwissenschaftlichen Erkenntnissen viel mehr Spekulationen und Unklarheiten sind als in dem Ewigen, das sie erkennen könnten, wenn sie ihre Augen recht gebrauchen wollten.

Lass dich auch nicht beeinträchtigen durch sogenannte „bescheidene Christen", die so bescheiden sind, dass sie wohl nach irdischen, vergänglichen Ehren geizen können, aber den Fragen nach der Heimat die Berechtigung absprechen und meinen, die Ewigkeit sei noch lange genug für solcherlei Fragen. Lass vor dem Ewigen das Zeitliche zurücktreten und suche in allem das Ewige, dann bleibst du vor vielem bewahrt, was andere zu Fall bringt.

Dem himmlischen Kreise deiner Freunde geht es darum, dir und deinem Kreise so zu dienen, dass ihr dabei dem Herrn ähnlich werdet. Ja, dass ihr hier auf dieser Erde schon das Leuchten der Heimat seht. Sei ein treuer Führer, der sich allezeit seiner Berufung bewusst ist und das tut, was der Herr von ihm fordert, dann wirst du selber dabei am meisten gewinnen.

Es geht mir nicht darum, dass euer Kreis allerlei erfährt, was euch wohl auf Erden interessant sein könnte, sondern darum, dass ihr durch diese Mitteilungen angesprochen werdet der Heiligung nachzujagen und euch ausstreckt himmlisch zu werden. Du hast kaum eine Vorstellung davon, wie wenige es sind, die sich danach sehnen. Man möchte wohl einst bei dem Herrn sein, aber man will nicht den Ernst anwenden, der nötig ist zu solcher Gemeinschaft.

Deshalb „sursum corda!", die Herzen empor! Dann kommst du und die andern aus der Erdatmosphäre heraus. Dann erst lasst ihr den Dunstkreis der Erde hinter euch und kommt einmal in die himmlischen Stufen hinein. Sei nur mit ganzem Ernst darauf aus, allein nach dem Herrn und seiner Ordnung der Liebe zu fragen. Dann lässt du das andere weit hinter dir. Und so muss es werden! Ihr sollt auf Erden schon die himmlischen Stufen durchwandern, die ihr einst einnehmen wollt. Und nur so weit, als ihr hier gekommen seid, könnt ihr dort direkt teilhaben an der Herrlichkeit, ansonsten ihr im jenseitigen Reich noch viele Stufen weit mühsamer durchwandern müsst, als es auf der Erde der Fall ist.

Deshalb nur vorwärts im lebendigen Glauben der Liebe. Dann eilt ihr mit den Flügeln der Hoffnung der Heimat entgegen! Auf diesem Fluge ist dir unsere ganze Aufmerksamkeit und Liebe zugewandt. Du wirst nie allein sein, sondern immer werden dir aus der höchsten Heimatstufe deine Freunde nahe sein. Es wird dir gegeben werden, was du brauchst. Suche vor allem in der Stille zu leben, im Ruhen deines Herzens in Gottes Geist. Lass nichts in dich hineintreten, was die Verbindung mit uns stören könnte. Sei allzeit darauf aus jede Selbstverleugnung zu üben. Denn durch alles, was du aufgibst an Zeitlich-Materiellem, machst du dir Raum für Ewig-Himmlisches. Alles, was du mit fleischlich-weltlichen Begierden festhältst, versperrt dir den Weg zu neuen Ufern der Erkenntnis.

Deshalb nur vorwärts und aufwärts. Der Weg zur Höhe ist für den leicht, der keinen Ballast mit sich herumträgt. Wer die Flügel der Sehnsucht hat, der kommt rasch vorwärts. Wer aber den Ballast der Welt tragen will, der mag machen was er will, er wird immer dazu verurteilt sein, unten kleben zu bleiben. Ich möchte so gerne, dass du mit deinen Freunden rasch aufwärts steigst. Wende dazu vor allem die heiligen Verheißungen des Herrn an, dann wirst du mit großer Freude das himmlische Ziel erreichen. Und habe auch recht genau Acht auf die zarten Mahnungen der himmlischen Freunde, denen es darum geht, dich in ihre eigenen Sphären hinaufzuziehen.

Die erste Stufe:
Das Land der Barmherzigkeit

Du weißt, dass in dieser Stufe die wohnen, die es aufrichtig mit Gott und ihrer Seele gemeint haben, und das sind doch sehr viele. Unter allen Völkern gab es und gibt es zu allen Zeiten Menschen, die mit Aufrichtigkeit nach Gott fragten. Ihre Seelen gaben sich nicht zufrieden mit den religiösen Formen und theoretischen Dogmen, sondern sie strebten nach dem Wohlgefallen des lebendigen, persönlichen Gottes. Sie kamen zu Gott auf dem Wege des geistigen Gebetes und der persönlichen Opfer und der Herr hat sie daher auch in Gnaden angenommen.

Dieser Vielgestaltigkeit ihrer religiösen Einstellung und ihrer persönlichen Erkenntnis entsprechend, ist diese Stufe eine ungeheure Welt. Ja, man kann sagen, sie besteht aus Welten. Diese Himmelsstufe grenzt an die Erdatmosphäre des Totenreiches. In den unteren Sphären dieser Stufe geht es noch recht irdisch zu und auch recht unruhig. Gewiss, diese Welten gehören schon zu den Geistesbezirken, aber es sind Grenzbezirke mit all den Gefahren, die dieser Grenze innewohnt. Wenn sie auch über der Erdatmosphäre liegen, so muss doch gesagt werden, dass der Fürst dieser Welt noch recht hineinwirkt. Wundere dich darüber nicht, sondern denke an die Tatsache, dass der heilige Seher einen großen Kampf im Himmel schildert, den der Drache mit seinen Engeln kämpft gegen Michael und dessen Engel. Und dieser Kampf findet in höheren Stufen statt als nur in der ersten. In dieser Stufe geht noch vieles nach der Beeinflussung von unten. Dadurch werden auch die Beziehungen der Bewohner untereinander beeinflusst. Du weißt, dass dort noch viel eigensinnig gekämpft wird, auch um dogmatische

Meinungen und kirchliche Gegensätze. Um dessentwillen habe ich immer wieder auf dich eingewirkt, dass du dich nicht durch menschliche Systeme und kirchliche Voreingenommenheiten trennen lassen sollst von anderen, die dem Herrn mit gleicher Treue auf andere Weise zu dienen trachten.

Ich will dir heute nicht von den gewaltigen Welten dieser Stufe erzählen, die anderen, nichtchristlichen Bewohnern zur Verfügung stehen. Schon seit deiner Jugend ist dir unter unserer Beeinflussung klargeworden, dass der Herr für die ernsten Gottsucher aller Völker eine Gelegenheit gibt, die sie zur Gottnähe führen wird. Heute will ich dir nur sagen von den Verhältnissen derer, die aus der christlichen Welt hierher eingehen.

Aber gerade die sogenannten christlichen Bewohner dieser Stufe zeichnen sich nur durch ihre Aufrichtigkeit aus. Sie wollten zu Gott kommen, sie waren von der Welt unbefriedigt, aber sie waren noch nicht über ihre eigenen Frömmigkeitsideale hinausgekommen. Ihnen fehlte das göttliche Ideal. Deshalb ist es so wichtig, dass du den Menschen das göttliche Menschheitsideal zeigst, welches in Jesus Christus damals auf Erden verkörpert wurde, damit sie sich danach ausstrecken lernen. Wenn du es sehen könntest, mit welcher Hartnäckigkeit man hier noch Glaubenssätze verteidigt, du würdest erschrecken, wie diese Dinge Seelen voneinander und dadurch auch von dem Herrn scheiden können. Da gibt es alle Kirchen und Gemeinschaften, denn die meisten haben doch wirkliche Wahrheitsmomente, die sie nun mit Ernst festhalten, aber daneben oft genug die alten Irrtümer von der Erde her. Dort hindert die Seelen ihr falscher Glaube, dass sie den Herrn und den Nächsten in heiliger Liebe erfassen.

Doch gerade ihre Aufrichtigkeit wird dann zu irgendeiner Zeit für sie der Weg, weiter zu suchen und zu streben. Denn auch den Bewohnern dieser Stufe erscheinen ja die Wiedergeborenen, um ihren Brüdern und Schwestern den Weg der Liebe nach oben zu zeigen. Das geht aber oft sehr schwer. Die angeborene Trägheit feiert da oft unter dem Einflusse des Feindes ihre Triumphe.

Es ist viel schöner als auf der Erde, man ist die drückenden Sorgen los. Man lebt in einer Gemeinschaft, die einem Freude und Befriedigung schenkt, und hat dabei alle kulturellen Einrichtungen, die einem auf Erden Befriedigung brachten. Man hält sich in seinen kirchlichen Grenzen aber ebenso exklusiv, wie man das bisher auf Erden getan hat.

Dort gibt es wenig Allianzbestrebungen, also Bestrebungen einander im Glauben näher zu kommen. Erst in den höheren Sphären dieser Stufe werden die Seelen dahin geführt. Deshalb ist es nötig, dass man der brüderlichen Liebe soviel wie möglich das Wort redet. Wer in dieser Richtung arbeitet, der arbeitet an der Verbesserung der Verhältnisse der ersten Stufe. Seid schon auf Erden hierfür Werbende! Auch die Familien leben dort auf lange Zeit, Jahrhunderte oft, in einem Verbande. Man freut sich dieses Zusammenseins und des Friedens, den man auf Erden wegen materieller Widerstände so oft vermisste. Die sozialen Verhältnisse auf dieser Stufe tragen einen unverkennbaren Fortschritt. Das Leben bewegt sich auf viel ideellerer Ebene. Man hat viel Kraft, sich dem Schönen und Edlen zuzuwenden. Die Kraft der Freude ist gewachsen. Der Mensch ist, mit einem Wort gesagt, erst einmal selig.

Alles das ist für viele ein Grund zur Sesshaftigkeit.

Man kann hier solche nicht verstehen, die sich in diesen Verhältnissen immer noch nicht zufrieden fühlen und nach mehr verlangen. Aber je höher die einzelnen in ihrer Erkenntnis steigen, desto mehr fragen sie auch nach dem Weiterkommen, d.h. Jesum näher zu kommen. Und so kommt es auch dort vor, wie auf Erden nicht zu häufig, dass ein Glied der Familie weitergeht und dadurch die anderen in Unruhe versetzt, damit auch sie aus ihrem Genussleben erwachen und suchen weiterzukommen.

Hier findest du auch viele kranke Seelen, die über gewisse Dinge in ihrem Leben nicht hinweggekommen sind. Hier sind die Sanatorien dieser Ebene. Lass es dich nicht wundern, dass ich dir solches sage. Es gibt so vieles, was die Menschen für unmöglich halten. Aber es ist so. Wie viele kommen hinüber, die in ihrem Herzen einen Schmerz tragen, der sie hindert, zu wahrer Freude zu kommen. Darum werden sie hingeführt in diese Sanatorien, die unter der belebenden Krafteinwirkung vom Throne des Herrn stehen. Dort werden sie seelisch gepflegt und werden gesund. In diesen Sanatorien werden die Seelen geheilt mit den Blättern der Lebensbäume, die am kristallenen Strome blühen und Frucht tragen. Diese Orte zeigen dir auch, dass es dort noch allerlei Arbeit gibt zur Pflege der Seele. Und solche Arbeit tun vom Herrn dazu Beauftragte. Es sind zumeist solche Seelen, die diese Arbeit auf Erden gemieden haben. Das trifft zu für Priester- und auch Königsseelen. Hier gibt es viel Gelegenheit, sich in Geduld zu üben und das abzulegen, was einen Aufstieg in höhere Sphären verhindert. Ja, unser himmlischer Herr hat für alle, die aufrichtig zu Ihm wollen, stets die rechten Mittel, um mit ihnen dies heilige Ziel zu erreichen!

Für die, welche nach oben drängen, gibt es Schulen

aller Art. Von der einfachsten bis zur anspruchsvollsten Betätigung können sich dort die Seelen weiterbilden. Dem Herrn geht es in erster Linie um die Vollendung. Darauf ist auch der ganze Unterricht zugeschnitten. Die Seelen sollen zum Anschauen des Herrn in Seiner Herrlichkeit geführt werden. Und das ist gar nicht so leicht! Denke nur daran, wie genügsam die Menschen in göttlichen Dingen sind. Alles andere ist ihnen wichtiger, was ihnen zeitweilige Genüsse und Vorteile bietet. Von dieser Trägheit kommt ein Mensch auch drüben sehr schwer los. Dazu gehört auch seine leidige Neugier. Wenn aber der Mensch einmal in seinem Geiste erwacht ist, er seine Endbestimmung erkannt hat, dann erst eilt er auch vorwärts. In diesen Schulen sind meist Vorsteher, die auf Erden so mancherlei versäumten und nun an ihren Schülern diese versäumten Lektionen lernen können und müssen. Da erst lernt mancher Geduld, Stillesein und die schwerste Lektion der Demut. Ach, wenn mancher Lehrer auf Erden wüsste, wie schwer das jenseitige Nachlernen ist. Er würde mit mehr Fleiß zusehen, das Ziel zu erfassen:

„Kommt her zu Mir alle, die ihr mühselig und beladen seid, ICH will euch erquicken! Nehmet auf euch Mein Joch und lernet von Mir, denn Ich bin sanftmütig und von Herzen demütig! Nur so werdet auch ihr Frieden finden für eure Seelen. Denn Mein Joch ist sanft und Meine Last ist leicht!" (Mt. 11,28-30)

Aber so köstlich es ist, dass der Mensch hier nachholen kann. Noch köstlicher ist es, wenn er weiter vordringen darf. Überhaupt ist die Ungeduld und die Auswirkung ihrer unbeherrschten Affekte für viele der Grund, dass sie hier versuchen müssen, diese Eigenheiten los zu werden. Und dies geschieht häufig erst nach Durchwanderung der Sphären der zweiten Stufe, wenn auch unter erschwerten Umständen. Sie müssen Dinge tun, von denen sie sich auf Erden keine Vorstellung machen. Aber der Herr will gründliche Selbsterkenntnis und völlige Reinigung von allem Eigenwillen und -wollen, da Sein Wille regieren will als der Herr allen Seins in Freiheit aller Seiner Kinder.

Der kirchliche Betrieb geht in der ersten Stufe vielfach so weiter wie auf der Erde. Da wechseln Feste mit gewöhnlichem Gottesdienst; da versammelt man sich zu Konferenzen, Synoden und treibt Reichsgottesarbeit. Da gibt es auch noch Verketzerungen und Unduldsamkeit. Aber je höher die Seelen emporsteigen, desto klarer und wärmer und brüderlicher wird der Umgang mit allen. Also gibt es auch hier Allianzversammlungen und Einigkeitsbestrebungen. Und diese werden je höher desto liebewärmer.

Da geschehen auch sogenannte Bekehrungen, die immer zu einer gewissen Freiheit führen. Bei diesen Gelegenheiten ist der Platz dann nicht mehr von Geistern der ersten Sphäre allein besetzt. Hier redet dann meistens der Himmel in seiner höheren Sphärensprache. Und da zu den höheren Sphären nur solche kommen, die ein Verlangen haben weiter zu kommen, so kann manches getan werden. Hier erst gibt es für Seelsorger viel zu tun. Da kommt es zu Aussprachen, die zur Freiheit führen und den Weg frei machen zu höherem Aufstieg.

Was sich aber sonst zeigt, ist nicht von großer Bedeutung; es sei denn, ein solcher Geistlicher erwartet Hilfe von oben und lässt sich beraten und helfen von Freunden aus den höheren Heimatgefilden. Aber sonst ist hier viel, sehr viel Genügsamkeit bei früheren Geistlichen und den Herden. Du hast den Eindruck, dass dies kaum ein Himmelreich zu nennen sei. Ja herrlich ist es hier nicht. Die Landschaft ist wohl schöner als auf

20

Erden. Das hast du ja damals in deinem Traume, indem du deine Jugendfreundin Maria gesehen hast, erkannt. Wunderbare Palmen zieren die Gefilde, auch sonst ist die Natur voller Herrlichkeit. Liebliche Berge wechseln mit wunderbaren Seen und hochragenden Gebirgsketten, welche die erste Stufe von der zweiten trennen. Es gibt allerlei Freuden, so schön wie sie eure Erde in diesem Falle nicht hat. Freilich ist es den Seelen unmöglich, höher zu steigen als ihr Reifegrad ist. Da aber diese Gebirge so unermesslich weit ausgedehnt sind, weil sie auch mit denen anderer Religionen benachbart sind, so kann nicht nur der Reiseverkehr, sondern auch der Missionsbetrieb fortgesetzt werden. Hier ist also Gelegenheit, sich für Jahrhunderte aufzuhalten, wenn die Seele keinerlei Sehnsucht nach Jesus Selbst im Herzen hat.

Aber der Missionsbetrieb ist insofern erschwert, da die Angehörigen der anderen Religionen wohl erkennen, dass auch die Missionare aus dieser Stufe nicht weiter sind als sie. Dann kommt erst so recht die Mahnung, sich um die eigenen Fehler, um sich selbst zu kümmern. Und solche Erlebnisse müssen dann oft mithelfen, die Seelen zur Selbsterkenntnis, Bescheidenheit und Achtung gegen Andersgeführte zu bringen. Dann kommt doch manchem die Sehnsucht an, weiterzukommen und sich selbst erst mal nach Helfern aus höheren Sphären umzusehen und den Weg zu finden, weiter aufwärts und näher zur eigentlichen Heimat - Jesum Selbst - zu gelangen.

Deine Freundin ist sehr rasch vorwärts gekommen und hat bald das erdbraune Kleid mit dem himmlischen Weiß vertauscht erhalten. Und dass du sie gesehen hast, war eine Hilfe. Wenn die Seelen weiter kommen, kehrt in sie der Hunger ein nach der Liebeskraft des Herrn; sie will teilhaben an den Segnungen des Herrn, der auch von Zeit zu Zeit fast menschlich verhüllt hier schon sichtbar wird. Seine unverhüllte Herrlichkeit könnte hier niemand ertragen.

So weckt der Himmel auf jede erdenkliche Weise die Sehnsucht nach oben und lockt die Seelen immer wieder, sich bereitzumachen auf die Heimkehr. Dazu benutzt der Herr auch die unerwarteten Einbrüche des Feindes auf das Nachdrücklichste. Es wird klar, wie vieles ihnen noch fehlt. Besonders wenn der Herr Selbst in Seiner Herrlichkeit oder Seine Himmlischen den Feinden entgegentreten und Er sie alle überwindet durch den Hauch Seines heiligen Mundes. Danach wird ihnen auch klar, dass diese Feinde in ihrem Leben viel verwüstet und verdorben haben. Das wiederherzustellen macht viel Mühe. Das weckt dann tiefe Buße. Und diese Buße ist auch im Himmel der Weg zur Freiheit und zum Sieg im Geiste der Liebe des Herrn.

So kommen dann die Seelen auf die gebirgigen Höhen der ersten Stufe. Unterweisung und vor allem Beispiel hilft ihnen ganz besonders die demütige Haltung ihrer Lehrer, die ihnen Handreichung darbieten zum Erfassen der göttlichen Wahrheiten, des Heils und der Erlösung. Wenn sie dann auf diese Gebirge kommen, dann muss sich erst erweisen, ob sie soweit gefördert sind, dass sie sich über diese steilen Kämme hinweg wagen können. Das Licht, das ihnen dort begegnet, ist für ihre Augen so durchdringend, dass sie in demselben ihre große Prüfung sehen. Ist ihre Aufrichtigkeit jetzt mit Entschiedenheit gepaart, um alles zu verlassen, dann mag es sein, dass sie unter dem Jubel ihrer Führer hinwegschreiten in das Licht der zweiten Stufe.

Die zweite Stufe:
Das Land der Gerechtigkeit

Wer aus dem Lande der Barmherzigkeit in das Land der Gerechtigkeit eintritt, den umfängt eine andere Luft und ein anderes Licht. In diesen Sphären kommt der Seele die Herrlichkeit des Himmels in ganz anderer Weise nahe. Das Reich Gottes ist Gerechtigkeit in heiliger Liebe! Wenn die Seele diese Wahrheit erkennt, dann ist für sie ein neuer Anfang gegeben. Schon der Übergang von der ersten Stufe in die zweite ist bemerkenswert. Ungleich herrlicher ist hier das Leben und das Licht hat eine Tiefenwirkung, wie das in den Sphären der ersten Stufe nicht der Fall war.

Aus diesem Grunde ist es auch unmöglich hier zu leben, wenn man nicht bereit ist, den Forderungen des Herrn in allem nachzugeben. Deshalb gehen so viele wieder zurück, die sich schon über die Höhen der ersten Stufe geschwungen hatten. Man kann eben nicht in jenem Lichte wandeln ohne den ernsten Willen zu völliger Selbstaufgabe, um ein Lichtträger des Willens des Herrn zu sein. Wer aber bereit ist, zu allen Forderungen des Herrn freudig und liebend „Ja" zu sagen, um danach zu handeln, dem wird in wunderbarer Weise das Herz froh. Nun sieht er den Himmelsweg offenbart, Gottes Herrlichkeit kommt ihm näher.

Die erste Wirkung dieser Herrlichkeit des Herrn ist die Enthüllung. Das ist eine Prüfung, wie sie der ehrliche Erdenmensch dann und wann erlebt. Aber hier ist sie so unglaublich ernst und tief. Wenn so ein himmlischer Fürst im Auftrage des Herrn der Seele ihr bisheriges Leben enthüllt, dann würde sie verzagen, wenn nicht gleichzeitig die ewige Liebe ihr einen unwiderlegbaren Beweis dafür geben würde, dass sie ja emporgeführt werden soll zu den Höhen der Herrlichkeit

Gottes. Trotz ihrer Not gewinnt sie dadurch einen großen Ansporn, vorwärts zu gehen um jeden Preis. Der Herr ist in Seiner Liebe ja stets gewillt, jeder Seele aufzuhelfen, die sich nach IHM ausstreckt. Die Prüfung bezieht sich zunächst auf die persönliche Haltung, auf das, was der Mensch im Lande der Barmherzigkeit erlangt haben kann, ohne selbst barmherzig zu sein. Darauf bezieht sich die erste Enthüllung. Es kommt niemand über die Höhen der ersten Stufe, der nicht in gewisser Hinsicht schon das ernste Verlangen hat, nach den Ordnungsgesetzen der Himmel zu leben. Aber es ist noch vieles in der Seele, was dem Betreffenden ganz verborgen ist. Da wird nun der Mensch geprüft, oder er wird in Lagen gebracht wo er sich selbst prüfen kann in seiner innersten Gesinnung. Und auf Grund dieser Prüfung der Gerechtigkeit des Herrn geschieht die Einweisung in die verschiedensten Grade und Heilanstalten dieses Landes. Es sind wirklich Heilanstalten! Hier werden die Seelen mit allen Hilfsmitteln versehen, um auch in den tiefsten Tiefen ihrer Herzen frei und rein zu werden und damit zu gesunden von aller Sünde, die ihnen bisher anklebte. Hier gibt es Arbeit in Hülle und Fülle.

Die Seelen werden von den Priestern des Herrn an den Altar von Golgatha geführt. Dort geht ihnen zunächst das Opfer des Herrn in ganz neuer Weise auf. Sie lernen verstehen, dass der adamitische Schaden der Seelen so tief ist, wie sie es vorher nie geahnt hatten. Sie begreifen, dass es nie ohne das Blut Jesu Christi geht, das auf Golgatha an ihrer statt geflossen ist. Das führt in immer tiefere Buße! In nichts anderes. Es kommt über die Seele ein heiliger Ernst, der sich mit Abscheu von allem abwendet, was der Herrschaft der Gerechtigkeit des Herrn im Wege steht. Dieses geht vielfach sehr schnell, wie die Seele meint. Auf Erden kann man im Glauben aber viel schneller und leichter zur völligen Reinigung der Seele kommen als dort in den himmlischen Sphären.

Wie viele müssen da, um loszukommen von ihrer fleischlüsternen Gebundenheit, in das Grab zurück, um das Verwesen ihres Leibes anzusehen, oder, wenn er schon verwest ist, die Hinfälligkeit und Ohnmacht des Fleisches zu erkennen. Ach, das ist eine unsagbare Not! Aber der Seele, der es ernstlich darum zu tun ist, herauszukommen aus aller Unlauterkeit, die lässt sich einführen in die Schlupfwinkel des Verderbens, um sich reinigen zu lassen.

Viel Not macht immer die Ichsucht. Diese Selbstvergötzung schließt unfehlbar aus dem Reiche der Himmel aus. Sie wird auch nicht in der ersten Stufe aus dem Herzen ausgeschieden. Sie findet sich als die Hauptwurzel des Verderbens in allem; sie hat den Seelengrund verunstaltet und verhärtet. Deshalb muss der Kampf gegen sie am härtesten geführt werden. Und das vermag am besten das Blut Jesu Christi, als des Sohnes Gottes. Es ist köstlich, wie die Seelen, wenn sie einmal die Kräfte des Blutes Christi erkannt haben, dasselbe anwenden, um frei zu werden von dieser falschen Ich-Gottheit.

Auf Erden ist im gesegneten Taufwasser des Bundes mit Gott und im gesegneten Weine des Gedächtnismahles, dieses Blut wirksam. Es hat sich zuweilen in seiner mannigfaltigen Heilkraft erwiesen für Seele und Fleischleib. In diesen Sphären wird die Seele umgewandelt durch die Kraft Gottes. Heiliger Dienst der Himmlischen führt sie immer tiefer ein in die Herrlichkeit der Gerechtigkeit Gottes. Sie lernt erkennen, dass es nichts Größeres gibt, als wenn der Herr die rechte Stelle im Leben des Menschen bekommt. Wenn die

Seele dann dem Herrn gibt, was Ihm schon immer gehörte, dann wird sie gemäß ihrem Ernst und Streben weitergeführt.

Aber was diese Sphären zu geben haben, ist dann noch lange nicht erreicht. Aus dieser ersten Enthüllung und Klärung des eigenen Lebens und Lebensgrundes ergibt sich eine andere. Das ist die Prüfung der Lebenshaltung dem Nächsten gegenüber. Auch in jener Welt zeigt die Gnade Gottes nicht mit einem Male das Ganze. Es geht stufenmäßig vorwärts. Erst muss der Mensch die rechte Haltung jedem Menschen gegenüber finden.

Diese zweite Enthüllung ist oft noch schmerzlicher. Nun wird auf einmal erkannt, dass die falsche Haltung dem Herrn gegenüber, auch eine unrechte den Menschen gegenüber zur Folge hatte. Wie viele halten etwas Besonderes auf ihre Gerechtigkeit; und doch ist das nichts anderes als Rechthaberei, die mit der Gerechtigkeit der Himmel wenig zu tun hat. So wenig wie eine Erdenpfütze mit dem Himmelstau. Es kommen die Handlungen, Worte und Gedanken unter das prüfende Licht des Himmlischen. Aber auch da zeigt der Herr, dass diese Prüfung nur Liebe ist. Am deutlichsten kommt ihnen das vielfach an ihren Lehrern zum Bewusstsein. Diese zeigen ihnen die Not an ihrem eigenen früheren Erdenleben. In vielen Fällen sind sie ja schon in höheren Sphären. Dort müssen sie nachholen, was sie auf Erden versäumt hatten. Der Lehrer Demut und Gerechtigkeitswillen ist ein lebendiger Ansporn, ihnen ebenso nachzueifern. So kommen sie vorwärts, auch in schweren Augenblicken.

Besonders schwer ist es für viele, das wieder gutzumachen, in dem sie gefehlt haben auf Erden. An dieser Forderung zerbrechen viele. Es erscheint ihnen unmöglich, ihre Fehler zu bekennen und dann um Vergebung zu bitten. Aber wer dazu nicht willig ist, der kommt eben nicht vorwärts, näher dem Herrn, und wenn er noch so viel darum beten möchte. Die Ordnung der Gerechtigkeit ist eben unveränderlich. Der Herr vergibt nur da völlig, wo die Seele bereit ist zu gleichem Vergeben. Wo sie aber in der Gerechtigkeit Gottes zum Ziele kommen soll, da muss sie auch allen Menschen geben, was ihnen zusteht und gehört. Leicht sind diese Ausräumungsarbeiten nicht. Es gibt Erschütterungen der Seele, die buchstäblich den ganzen Menschen bedrohen. Und viele gehen dann lieber zurück in die erste Stufe, um noch einmal zu beginnen und dann später den Aufstieg nochmals zu wagen.

Wo aber die Seelen bereit sind, die Versäumnisse, Ungerechtigkeiten und Sünden zu bekennen, da gibt es eine wunderbare Befreiung durch die Kraft des erstehenden Lebens aus Christus. Es wird dann offenbar, was das Blut Jesu Christi vermag, wenn der Mensch im gehorsamen Glauben alles nach dem Willen und Wohlgefallen des Herrn ausrichtet. Daher trägt dieses Land seinen Namen, das der Gerechtigkeit.

Wie viele sind eitelstolz auf ihre Sachlichkeit und Rechtschaffenheit. Dort wird es jedoch offenbar, dass ihre Worte und Taten meist aus der Selbstgerechtigkeit und ihrem unreinen Urgrunde geflossen sind.

In jenen Sphären sind alle Schulen Spezialschulen. In jeder wird in besonderen Gebieten unterrichtet. Eine der hervorragendsten ist die der Selbsterkenntnis und die der Gotteserkenntnis. Durch diese müssen alle hindurch, die sich danach sehnen weiterzukommen.

In der Schule, die Geist und Seele in besonderer Weise bekannt macht mit der Herrlichkeit des Heilandswesens, geht allen erst so recht der Sinn Seines Lebens auf. Sie merken dann, dass in Seinem Leben gar nichts von dem war, was ihnen selbst in den Schulen der Selbsterkenntnis abzulegen schwer war; dass bei Ihm jede Selbstgefälligkeit und eitle Empfindlichkeit fehlt. Dieses Vorbild treibt die Seele dann an, mit umso größerem Ernste danach zu streben, dass sie frei wird von diesen Eigenheiten, die sich bis hinauf auf die höchsten Sphären der zweiten Stufe ziehen.

Und immer wieder ist es die Kraft des Blutes Christi und die Herrlichkeit der Gerechtigkeit des Herrn, die die Willigen hinaufzieht zur größeren Klarheit.

Eine ernste Prüfung, besonders für die sogenannten Reichsgottesarbeiter, ist die, den Wert ihrer Arbeit festzustellen. Es wird vieles zerschlagen, was für die Ewigkeit bestimmt schien. Diese Prüfung gibt unmissverständliche Klarheit, dass der Herr nicht anerkennt was dem Gesetz der göttlichen Liebe-Gerechtigkeit entgegensteht. Da wird gründlich aufgeräumt mit all den irdischen Bestrebungen, so dass dann absolut kein Raum mehr ist für das Ergebnis dogmatisch-kirchlich-sektiererischer Zeitbestrebungen und Bindungen. Alles, was dem Gesetz der Gottesgerechtigkeit widerspricht, muss fallen und darüber hinaus muss auch Buße getan werden.

Da muss mancher Priester seine früheren Gemeindeglieder um Verzeihung bitten und sie einer ernsten Neuarbeit unterziehen, in der es ihm von vielen nicht leicht gemacht wird, weil sie sich von ihm betrogen und hintergangen fühlen. Oh, wie viel ehrgeiziges Wesen wird dort offenbar, was auf Erden als treue Pflichterfüllung und heiliges Streben verherrlicht wurde! Es bleibt eben gar nichts in dieser Prüfung, was nicht vom Herrn befohlen und durch Seinen heiligen Liebegeist gewirkt wurde.

Wie mancher Prediger würde mit ganz anderem Ernst arbeiten, wenn er nur daran dächte, dass alles geprüft wird auf den Gehalt an Gerechtigkeit des Herrn und Seines Opfers. Dann verbliebe viel mehr von seiner Erdenarbeit für die Ewigkeit erhalten. Diese Erkenntnisse und Bekenntnisse bringen der Seele viel, viel Weh und Schmerzen. Wenn man sehen muss, dass vieles, sehr vieles zu Staub wird, dann geht ein Klagen durch das Herz, wie der Mensch es sich auf Erden gar nicht vorstellen kann. Aber je mehr sich der Mensch beugt unter dieses Liebegericht des Herrn, desto mehr kann von seiner Erdenarbeit für den Herrn gerettet werden; desto mehr wird für seinen Verlust die stellvertretende Liebe des Heilandes wirksam zum Besten der Seele.

Jeder merkt, wie ernst und entscheidend diese Stufe ist, und wie leicht die Seele zurücksinken kann auf die niedere Stufe, wenn sie nicht bereit ist, der Gerechtigkeit Gottes ganz Raum zu geben.

In dieser Stufe ist jeder mit sich selbst beschäftigt. So sehr, dass keiner um den anderen sich kümmern kann. Da muss die Seele hinein in das totale Selbstgericht, in das Einzelexamen. Und da gibt es viel zu lernen und in Ordnung zu bringen. Viele würden da den Mut verlieren, wenn ihnen nicht immer wieder von den Lehrern Mut gemacht und von dem Baume des Lebens Blätter zur Gesundung gereicht würden. Aber das stärkt den Ernst und den Willen auszuhalten, bis man zum Ziele kommt.

Unter solcher Führung kommen die Seelen dann weiter und steigen mit der Kraft des Herrn immer höher empor. Das wirkungsvolle Licht wird immer heller und die Seele dabei immer leichter und lichter. Denn wenn der Urgrund des Menschen gereinigt ist durch das Blut Jesu Christi, dann kann alles durch und durch leuchtend werden. Denn das ist ja der Wille des Herrn, dass der Mensch ganz Licht werde. Das ist aber nur dann möglich, wenn alles was verborgen war ans Licht gekommen ist. Und wenn alles hinweggetan ist, dann erst kann die Verklärung erfolgen.

In den höheren Sphären dieser Stufe erkennt dann die Seele, was die Liebegerechtigkeit Gottes mit ihr vorhat. Da lernt sie erkennen, was der Herr in sie wunderbar Göttliches als Keim hineingelegt hat, das zur Entfaltung und Vollentwicklung kommen soll. Das ist eine Himmelsoffenbarung für sie. Da lernt die Seele das Jauchzen! Überhaupt ist die Gerechtigkeit im Herrn der Anfang aller Herrlichkeit und aller Amtswürden. Deshalb muss hier die Grundlage geschaffen werden für die Herrlichkeiten der siebenten Stufe. Aber gerade diese hohe Zielsetzung wird erst in den höheren Sphären klarer erkannt, so wie der Glanz der Metalle erst bei ihrem Polieren hervortritt.

In den oberen Sphären merkt man nicht mehr so viel von den Einflüssen der Unterwelt. In diesen Höhen ist der satanische Einfluss nicht mehr so hinterhältig und listig wirksam. Wo der Gerechtigkeit Gottes Genüge getan wird, da verliert Satan sein Anrecht. Und wenn er schon versucht, eine Seele zu überfallen, so sind genug himmlische Streiter bereit, um sie zu schützen. Nötig ist nur, dass die Seele sich allen Forderungen des Herrn unterwirft und sich dem heiligen Willen völlig überlässt als Sein Werkzeug.

Die Wohnungen sind in diesen Sphären nicht viel angenehmer als in der ersten Stufe, denn hier geht es ja um die Reinigung, Umwandlung und Verklärung. Da ist für das gemütliche Zusammensein, das in der ersten Stufe vorherrscht, kein Raum. Aber herrlicher, leuchtender sind die Bauten und durchsichtiger entsprechend ihren Einwohnern. Auch der Jubel der Vögel klingt hier anders. Es liegt schon ein unbeschreiblicher Vorglanz auf den Höhen der höchsten Sphären der zweiten Stufe. Menschenseelen, die sich lange fremd geblieben waren, werden hier Freunde und wandeln miteinander den höheren Stufen entgegen. Das Wort unseres Herrn von den „vielen Wohnungen in des Vaters Hause" (Joh. 14,2) wird hier schon überherrlich offenbar als köstliche Wahrheit.

Alle Wohnungen sind entsprechend dem Inneren ihrer Bewohner. In ihnen ruhen und forschen sie, um tüchtig zu werden zum höheren Lichte. Man wohnt hier in Gemeinschaften. Obwohl jeder seine Wohnung hat, so sind doch alle durch gleiche Erfahrungen und gemeinsame Schulung zu einer Gemeinschaft und Einheit berufen. So muss es ja auch sein! Wie sollten sie ohne diese Gemeinschaft die oft so unscheinbaren Verästelungen der Eigenliebe und Selbstsucht erkennen? Da müssen andere mithelfen, das ihnen Verborgene ans Licht zu bringen. Aber das erfreut nun alle in herrlicher Harmonie und Zugeneigtheit.

Der Himmel tritt hier schon ganz anders in Erscheinung als in der ersten Stufe. Um daran gemeinsam Anteil zu haben, gibt es als herrliche Verheißung neuartige Freuden, um das Land der Herrlichkeit des Herrn zu erreichen. Und wenn der Herr Selbst bisweilen in diese Sphären eintritt, um die Bewohner zu begrüßen und aufzumuntern, so bedeutet dies Freudenherrlichkeiten unsagbarer Größe. Mit Ihm kommt der Himmel mit seinen Erquickungen und bringt der sich selbst verleugnenden Seele den Ruf, weiterzuschreiten und es zu wagen, sich auf die letzten Höhen der zweiten Stufe zu begeben, um hinüberzukommen in das Land des Friedens.

Welche Freude ist es doch für die begleitenden Königs- und Priesterseelen, die den Strebenden dazu die Bedingungen und ihre Erfüllung leicht gemacht haben! Unter der Führung solcher Himmlischen geht es dann weiterer Herrlichkeit entgegen. Auch für diese Führer bedeutet das erfolgreiche Durchschreiten dieser Stufe eine Herrlichkeit, ein Weiterschreiten zu Höherem. So ist der Jubel doppelt groß.

Der Einzug in die dritte Stufe ist neue Offenbarung. So ist jede Stufe ein Durchgangsland zu höherem Leben. Der Heiland und Erlöser in Seiner wunderbaren Blutskraft ist stets der Weg zur Seligkeit und Herrlichkeit! Das Sehnen und die Unruhe, die Er in der Seele weckt, bringt es mit sich, dass sie nicht anders kann, als sich Ihm ganz hinzugeben. Auf den Höhen der zweiten Stufe schaut die Seele mit einer so tiefen Dankbarkeit auf den Herrn und Heiland, dass Er alles wohl getan hat und Seine Gerechtigkeit für sie in jeder Weise das Heil bedeutet. „Ja, Gerechtigkeit ist Seines Thrones Feste!" (Ps. 97,2)

Der Herr schenke dir und jedem Leser nach dir diese Haltung!

Die dritte Stufe:
Das Land des Friedens

Wenn die Seelen unbeschwert von allen früher unerkannten Sünden und Unreinheiten über die hohen Grenzen der dritten Himmelsstufe schreiten, dann hebt in Ihnen ein Freuen an, wie sie es bis dahin noch nie gekannt haben. Das erste Land, das sie kennen lernten, war voller Barmherzigkeit, dem Ausruhen von Erdenleid und Sorgen und der Freude, alte Verwandte wieder zu sehen und zu sprechen. Dann kam die oft unerträgliche, aber notwendige Reinigungssphäre.

Jetzt kommen sie in das Land des Friedens und der Freude. Jede dieser Stufen ist so verschieden, dass man dies in irdischen Wortbildern nicht ausdrücken kann. Dementsprechend ist auch die Herrlichkeit der Freude. Die Seelen merken hier erst so recht, was für eine furchtbare glückseligkeitshemmende Macht die Sünde in ihrem Leben hatte, die sie von allen Herrlichkeiten Gottes ausschloss. Und mit dieser Erkenntnis wächst in ihnen eine neue, reine, himmlische Freude und Dankbarkeit dem Herrn gegenüber ins fast Unendliche des Herzens.

Es wird ihnen bei dieser Herrlichkeit der dritten Stufe so ganz klar, was der Herr bisher für sie alles getan, gelitten und in Geduld ertragen hat, und dass sie eigentlich jetzt erst beginnen darüber Klarheit zu erhalten. Der Friede, der die Seelen hier umgibt, ist von einer wunderbaren, untrübbaren Harmonie. In den unteren Stufen ist ja immer wieder der störende Einfluss höllischer Mächte zu spüren, die Eingang hatten durch die noch unerkannt in den Seelen rastenden Sündenneigungen. Und wenn dieser Einfluss die Seele auch nicht von des Herrn unverdienter Gnade trennen konnte, so war er doch trübend und hinderlich und immer wieder Ursache zur Beugung und weiterer Reinigung. In dieser dritten Stufe ist die Seele stille geworden, zur Ruhe gekommen, da sie die Not der Sünde nicht mehr fühlt. Ihr Friede ist nicht mehr zu stören, weil alle Sünde hinweggetan ist und das Herz zur völligen Vereinigung mit dem Geiste des Herrn gekommen ist.

Die Widerstände, die sich früher immer wieder in der Gemeinschaft mit den Menschen zeigten, sind überwunden. Es ist alles in Ordnung gebracht, was an Schuld und Sünde vorhanden war. Da niemand in die dritte Stufe eingehen kann, der noch etwas gegen andere Menschen im Herzen hat, so ist tatsächlich hier ein paradiesischer Frieden, ähnlich dem, den die ersten Menschen in Eden vor dem Falle hatten. In der zweiten Stufe wurde der Heilungsprozess so vollendet, dass keinerlei Schmerzen irgendwelcher Art zurückblieben. Wer hier eingeht, ist in Wahrheit erst gerecht geworden, gerecht gegen seine Mitmenschen, denen er alles wiedererstattete, was er an ihnen verschuldet hatte. Gerecht gegen den Herrn Selber, den er erst jetzt anfängt zu erkennen in der Herrlichkeit der von IHM erwirkten Erlösung durch Seine Liebe; gerecht aber auch gegen sich in aller Strenge und ganzem Ernst.

Trat in der zweiten Stufe das Blut Christi in seiner reinigenden Kraft vor die Seele der Menschen, dann wirkt es sich hier aus in seiner wunderbaren Lebenskraft. In der zweiten Stufe wurden die Krankheitsherde beseitigt, hier aber wirkt sich die neugestaltende Kraft des göttlichen Lebens aus. Wie bei einem Kranken zuerst die Krankheit überwunden werden muss, ehe sich Gesundheit und neue Lebensfrische offenbaren können, so ist es auch hier. Deshalb ist in dieser Stufe eine wunderbare Veränderung wahrzunehmen an denen, die hier eingehen dürfen. Sie kommen zur Verklärung in das Bild Jesu Christi. Darum ist hier der Jungbrunnen, der das ganze Wesen neugestaltet. Die Seelen treten hier in eine Herrlichkeit ein, die ihnen selber als eine nie geahnte Offenbarung der Liebe Gottes erscheint. Hier erkennen sie auch die wunderbaren Veranlagungen, die der Herr in ihre Wiedergeburt gelegt hat.

So wie jedes Menschenkind eine Erbanlage mit sich bringt wie ein Samenkorn auf eigenem Mutterboden, aus dem immer neue Eigenschaften, Kräfte, Möglichkeiten erstehen, so hat auch jede Seele in der Wiedergeburt Anlagen und Kräfte göttlicher Natur mitbekommen. Hier erst wird es ganz klar, dass auf dieser Erde schon herrliche Anlagen in den einzelnen schlummern, die erst in der dritten Stufe beginnen hervorzutreten und sich entfalten. Dann merken die „Großen" erst so recht, dass „die Armen im Geiste" über eine Liebe-Kraft verfügen, deren sie unfähig sind, dass sie diese ganz unterschätzt hatten. Schöpferordnungen treten hier ans Licht von einer Herrlichkeit, die alles Denken übersteigt, die die Seele aufjauchzen lassen in ewiger Dankbarkeit und himmlischer Freude.

Und eine andere Klarheit weist sich da noch aus: Auf Erden gelten ja die verschiedensten Berufe je nach Ansehen, das die Menschen in ihrer Tätigkeit darin haben. Dort wird es auf einmal offenbar, dass jeder Beruf und jede Tätigkeit ein höheres Gesetz verkörpert, das je nach der Treue und Liebe zu Jesus Christus, eine den Menschen kaum vorstellbare Herrlichkeit schafft. Ihr kennt z. B. das Gesetz - man möchte es das Gesetz des Geistes nennen -, dass in der Kohle ein Diamant steckt; wenn die Kohle entsprechend behandelt wird, im Sande ein Opal, im Lehm ein leuchtender Saphir. So hat jeder irdische Beruf ein höheres Zielgesetz inne, das seinem Träger bei rechter Treue und Liebe leuchtende Herrlichkeit gibt. Aber vielfach wird dieses Gesetz erst hier in der dritten Stufe zur Entfaltung gebracht und bringt dann eine Herrlichkeit zustande, die alles menschliche Denken übersteigt.

Das Klassenwesen, das auf Erden herrscht und viele Menschen voneinander trennt, ist im Himmel gründlichst außer Kraft gesetzt. Dass es unter solchen Umständen hier Verbrüderungsfeste gibt, die am Throne Gottes Beachtung und Freude auslösen, das kann man sich denken. Dementsprechend sind auch hier die Schulen. In den unteren Stufen haben vielfach noch

Himmlische unterrichtet, die nachholen mussten, doch hier sind bisweilen schon Könige und Priester an der Lehrarbeit, um den Seelen zu dienen. Und erst der Unterricht! Da braucht sich keiner zu plagen, weil ihm die Voraussetzungen für den Unterricht fehlen. Nein! Hier ist die Gabe und Anlage Voraussetzung für den Unterricht. Und mit welcher Lust wird hier gearbeitet!

In den Bewohnern der dritten Stufe ist ein größerer Drang vorwärts zu kommen, als in den unteren Stufen. In ihnen lebt die Sehnsucht nach ihrem Herzenskönige Jesus so stark, dass sie alles dahinten lassen, was sie aufhalten könnte.

Die dritte Stufe ist so recht eine Hochschule der Menschenerkenntnis. Das göttliche Menschheitsideal ist ein sehr wichtiger Unterrichtsgegenstand, dem ganz ernstlich nachgedacht wird. Dort wird der Mensch in sehr eingehender Weise eingeführt in die Bedeutung des Wortes: „Ein Bild, das uns gleich sei." Das Studium des Menschen ist immer ein bedeutsames, aber dort erst recht.

Da Gottes Ziel mit dem Menschen Gemeinschaft mit Ihm ist, kann die rechte Menschenerkenntnis nur von Gott her gewonnen werden. Und da ist es wiederum der Herr, der sie uns vermitteln kann. Da gewinnt das Christentum reale Bedeutung, da wird es in Wahrheit Christusähnlichkeit! Obwohl sich diese Entwicklung bis hinauf in die höchste Stufe fortpflanzt, so ist dafür hier der Anfang.

Christus ist der Mensch nach Gotte s Willen. Wie in Adam alle Anlagen der gesamten Menschheit keimartig vorhanden waren, so sind auch in Christus Jesus alle Herrlichkeiten der Gottheit vereinigt, die der Mensch durch den inneren Christus gleichfalls keimartig in sich trägt. Darum wird hier der Herr erkannt als der, in dem alle Schönheit der Himmel und der Erden ihren wirklichen Heimatgrund haben. Die Seelen werden eingeführt in das Wunder des Lebens und des Charakters Jesu Christi. Und wie groß erscheint ihnen die Tatsache, dass auch in ihnen selbst solche herrlichen Anlagen durch Sein lebendiges Ebenbild vorhanden sind, die nun herausentwickelt werden sollen zu göttlicher Vollkommenheit und Herrlichkeit. Dies geht aber nicht so schnell, wie manche sich das denken, denn hier fällt das großfördernde Moment weg, das des Glaubens ohne zu schauen.

Hier lebt man ja schon im Schauen, ohne im schmutzigen Schlamme der gefallenen Menschheit auf Erden im sterblich-versuchlichen Fleische zu sein und dadurch in recht demütig-abhängiger Gemütsstimmung gehalten zu werden. Hier wird sich der Mensch seiner göttlichen Hoheit bewusst. Das kann nicht ganz ohne Hochgesinnt-Sein ertragen werden, und das erschwert das Fortkommen und das Wachstum.

Niemand kann sich auf Erden vorstellen, dass gerade der Glaube, der unter Nichtsehen vorwärts geht, das Wohlgefallen des Herrn hat, weil vertrauensvolle Demut seine Wurzel ist. Dort geht es auf anderem, nicht leichterem Wege, den die Ewige Liebe, Jesus erdachte, um Seine Sprösslinge weiter zu führen. Oh, wenn doch die Menschen auf Erden anerkennen würden, wie viel schneller sie wachsen könnten im treuen Glaubensgehorsam zu den Geboten der Liebe, dann würden sie viel größeren Ernst anwenden!

Es geht auch dort von einer Klarheit in eine höhere und größere. Freilich wird in dieser Stufe offenbar, dass noch vieles wachsen muss, um aus den schwachen Ansätzen zur vollstarken Entfaltung und Christusgestaltung zu gelangen. In der zweiten Stufe können den dortigen Seelen diese Herrlichkeiten und ihr Ziel noch gar nicht gezeigt werden, weil sie es nicht ertragen könnten, da ihnen die Festigkeit und die Demut dazu mangeln. Sie könnten dieses in seiner Wahrheit auch gar nicht erfassen.

Die Reinheit und die Klarheit des Lebens Jesu wird dort so deutlich, dass die Seelen fast geblendet sind von dieser Wesenheit. Was die Jünger auf Tabor und Johannes auf Patmos erlebten, das wird dort vielfach erlebt, nur dass dabei der Tod nicht mehr nach der Seele greifen kann. Aber auch die Seligkeit des Lebens des Herrn strömt dort so stark aus, dass die Freude daraus so übermächtig wird, wie es keiner auf Erden sich vorstellen kann.

Der Mensch Gottes, der innere Christus, der in der dritten Stufe aus seinem seelischen Kleide herauswächst, ist himmlisch rein und herrlich. Herrlicher noch, wie die seit Urbeginn nie Gefallenen. Denn sie kommen mit vielen kostbaren eigenen Erfahrungen aus dem Lande der Sünde, des Todes und der Gottesferne als einst verlorene, nun aber heimgekehrte Kinder der ewigen Liebe des Vaters. Doch hier erst können sie heranwachsen zu göttlicher Größe der Unendlichkeit, wie die Gottheit Selbst es ist. In dem Maße, wie die Seele in das göttliche Ebenbild kommt, gewinnt sie auch einen Begriff von dem, was die Herrlichkeit und Majestät der Himmel ist. Diese wird ihnen dann zu einem Maßstabe der göttlich königlichen Höhe, zu welcher der Herr sie erhebt.

Ein anderer Unterrichtsgegenstand ist das Geheimnis der Wege Gottes mit den Menschen. In dieser Schule werden die Seelen noch tiefer eingeführt in die Weisheit der Liebe Gottes. Es ist wunderbar, wie unter diesen Erkenntnissen der Friede und die Freude in den Seelen wachsen und sie völlig umgestalten auch nach außen hin. Was in der zweiten Stufe immer wieder störend eingriff war die Frage: „Was wird aus meinen Sünden und meinem Unrecht an anderen und gegen Gott, die ich nicht mehr gutmachen kann?" Jetzt kommt für die Seelen die Erkenntnis, dass der Herr auch diese Dinge ganz auf sich genommen hat auf Golgatha und es nun Seine Sache ist, auch dieses in der göttlichen Ordnung aufzulösen. Wie groß ist dann die Freude, wenn sie erkennen dürfen, dass der Herr auch das Böse im Leben der Menschen als starken Dünger gebraucht für die Heiligung. Wodurch es zu einer Ursache der grenzenlosen Dankbarkeit IHM gegenüber wird.

Es ist für euch Erdenmenschen noch unausdenkbar, wie groß die Freude der Seele ist, wenn sie sieht, dass der Herr nicht nur alles vergeben hat, sondern darüber hinaus im Leben der anderen alles Unrecht zu gebrauchen weiß, um in des andern Leben Seine Gnade voll auswirken zu lassen. Auch dies ist wieder ein neuer Grund zu größter Dankbarkeit und Freude. Dort wirkt der himmlische Friede in der Tat wie ein Strom, in dem jede Erinnerung an das alte, böse und verkehrte Wesen der Sünden ganz ausgelöscht wird aus der Erinnerung und es wird offenbar an und in denen, die „nach Hause kommen".

In der dritten Stufe wirkt sich die Schuld nicht mehr aus, da ist Frieden geworden infolge der tatsächlich vollen Erlösung durch den Herrn. In diesem Frieden wird der Mensch ein Wesen voller Harmonie und Ausgeglichenheit, wie es auf Erden im Laufe der Jahrtausende nur wenigen gelang, die den Tod nicht schmeckten, sondern überkleidet entrückt wurden in die himmlischen Sphären.

Diese Erkenntnisse führen auch die dortigen Seelen einander immer näher. Unvorstellbar sind die dort zustande kommenden Freundschaften, die überreich und seligst machen in der gemeinsamen, anbetenden Betrachtung des himmlischen Herrn und Schöpfervaters und im gemeinsamen Dienst. In Verbindung damit wächst der reine Wille immer mehr zu seiner göttlichen Bestimmung empor. Er lernt Seinen Herrn kennen in der Kraft der Weisheit und Herrlichkeit; er beugt sich immer mehr in Anbetung und Hingabe in allem. Er geht mit einer unbeugsamen Entschlossenheit darauf ein zu lernen, was die ewige Liebe von ihm erwartet. Dadurch reift er immer mehr.

Bei aller Freude und bei dem Frieden, der unausdrückbar ist, ist der Eigenwille immer noch so stark, dass er sich in mancher Hinsicht in der Gemeinschaft noch behauptet. Doch nicht mehr dergestalt, wie in den unteren Stufen, aber doch so, dass bei aller Freundschaft noch verschiedene, unterschiedliche, ja entgegengesetzte Meinungen zu Tage treten. Damit zeigt sich, dass die höhere Weisheit und Erkenntnis noch nicht allgemein ist, sondern der Weg höher gehen muss.

Durch die Schulen, in denen die einzelnen auf ihre höheren Aufgaben vorbereitet werden, wird ja eine solche Gemeinschaft geboten, die restlose Befriedigung gewährt, so dass kaum eine innere Not entstehen könnte durch Begegnung mit Andersartigen. Schon die Ausbildung bringt es mit sich, dass die Gruppen geschlossen sind, was sich durch Abgegrenztheit anderen gegenüber äußert. Nicht wie in der ersten Stufe mit erdgebundener Haltung, sondern nur aus der Beziehung zur eigenen Aufgabenbestimmung. Deshalb können auch die einzelnen in höheren Sphären mit verschiedenen Aufgaben zusammentreffen. Hier sind die Grade noch bedeutsamer als in der ersten und zweiten Stufe. Die Berge leuchten hier noch heller und wunderbarer. Sie trennen von der vierten Stufe. Auch

40

hier gibt es Seelen, die sitzenbleiben und nicht weiterkommen. Aber immerhin ist der Prozentsatz derer, die weiterstreben, größer als weiter unten.

Der Freude entsprechend gestalten sich die Feste hier in ganz besonderer Weise. Denke dir zunächst einmal die großen Feste der vereinten Seelen, die sich hier treffen und dem Herrn Jesu innerlich zujauchzen, dass Er sie völlig erlöst hat. Alle Erdenfreuden verschwinden vor der Stärke dieser Empfindungen. Man kann gar nicht anders, als sich immer wieder zu freuen, dass der Herr so Großes getan hat und die Seelen zusammenführte, deren Wesen und Gleichartigkeit der Führung sie zu besonderen Familien- und Geister-Gruppen vereinigte.

In solchen Gruppen erscheint dann der Herr, wenn auch nicht in Seiner Herrlichkeit der höchsten Stufe, aber doch so, dass die Seelen einen tiefen Eindruck bekommen von der Klarheit und Herrlichkeit Seines Wesens. Sein Kommen bedeutet für alle Bewohner die höchste Freude und den größten Gewinn. Von IHM gehen Strahlen aus, die in deinem Innern die Freude einer unstillbaren Sehnsucht wecken, IHM Näherzukommen. So ist Sein Kommen Freude und auch Lockung. Dort ist eine Stunde zu Seinen Füßen das Herrlichste. ER allein ist die Quelle des Lebens und der reinsten Glückseligkeit zugleich. Gegen diese Feste sind eure Feste, auch wenn sie noch so schön sind, nur Schatten, die das wahre Fest nur ahnen lassen, aber nicht wahrhaft darstellen können. Menschenherzen im Fleische sind nicht imstande, jetzt schon das Glück zu ertragen, das damit verbunden ist.

Herrlich sind die Wohnungen in dieser Stufe. Es lässt sich auf Erden kein Vergleich ziehen, der einigermaßen die Schönheit deutlich machen könnte. Hier ist man schon jenseits der irdischen Baustoffe. Wenn sie auch an die Erde erinnern, weil sie noch nicht durchsichtig sind wie in den höheren Stufen und Sphären, so ist doch das Material so köstlich und wertvoll, die Farben so leuchtend und lebendig, dass sie schon mehr himmlisch sind. Und diese Wohnungen des Lichtes und der Freude werden von solchen bewohnt, die gemeinsam den Erdenweg gegangen sind oder so gleichartig sind in ihrer Zielrichtung, dass sie nicht nur die Freude der Gemeinsamkeit haben, sondern gleichzeitig auch die Hilfe für das Weiterstreben.

Und je höher es in den Sphären hinaufgeht, desto mehr ist diese Geistesverwandtschaft vorherrschend. Störend wirkt hier keiner mehr für den anderen. Wenn eine Seele sich zurückziehen will, um in der Gemeinschaft seines himmlischen Lehrers oder in stiller Betrachtung des Herrn allein zu sein, dann ist der andere von solch zarter Rücksichtnahme, dass Menschen nur staunen könnten. Es geht eben hier nicht mehr um den geschöpflichen Menschen, sondern um den Herrn Selbst und um Sein lebendiges Abbild im neuen Menschen aus Gott.

Wunderbar ist auch das Verhältnis der Lehrer zu den Schülern. Es ist eher ein Freundschaftsverhältnis, wenn es auch dem Schüler nie einfallen wird, sich dem Lehrer gleichzusetzen. Aber gerade diese Hochachtung, die der Schüler seinem Lehrer entgegenbringt, ermöglicht es den Lehrern, sich ihnen so freundschaftlich zu nahen. Sie haben die große Aufgabe, die Liebe und das Streben der Jünger ganz dem höchsten Ziele, dem Herrn Selbst, zuzuwenden. Da gibt es natürlich große Unterschiede. Die einen lernen rascher als die anderen. Aber es soll ja nur vorwärts gehen.

Ich will dir noch von den leuchtenden Blumen erzählen, die hier in einer Lieblichkeit strahlen, die jedes Auge entzückt. Die Farbenpracht ist so herrlich, dass man nicht nur von Farbtönen sprechen kann, sondern von Farbsymphonien. Und die Luft mit ihrem Balsam vollbringt wahre Wunder des erneuernden Lebens, das ganze Innere wird erquickter. Die Herrlichkeiten der Sphären mit ihren Schöpfungswundern, die den Bewohnern die Größe des allmächtigen und unendlich liebevollen Schöpfergottes vor Augen führen, helfen alle mit, dass die Freudefähigkeit dauernd wächst und daraus die Anbetungskraft.

Wie von starken Magneten werden die Seelen angezogen von den Herrlichkeiten der Sphären und je nach ihrer Beschaffenheit und Willigkeit dadurch nach oben gezogen. Wenn sie daher auf den letzten Grenzen stehen und hinüberschauen in das Land des Gehorsams, dann werden ihre Augen noch leuchtender und erfüllt von der Sehnsucht nach dem Herrn ihres Lebens, sie jauchzen dem Kommenden entgegen. Wenn aber die Lehrer mit ihnen hinübertreten in das herrliche Land, dann kommen ihnen dort jene Bewohner entgegen und bringen ihnen den Willkommensgruß des Herrn zu höherem Glanz.

Ihrem Charakter und ihrer Liebekraft entsprechend sind dort die Kleider, als Kennzeichen ihrer inneren Reife. Dort entscheidet nicht nur der Geschmack, sondern die Gesinnung. Im Himmel kann man sich keine Kleider anschaffen wie auf Erden. Der Glanz der Seele, die Reinheit des Charakters entscheidet über die leuchtenden Gewänder. Das ist für viele zuerst ein schmerzliches Erkennen, und damit auch Erkennen ihrer bisher noch unerkannten leisen Eitelkeit. Aber es entspricht der Gerechtigkeit des Herrn, der auch hier einen wunderbaren Ausgleich schafft für die Eitelkeiten des Geschöpfes, das von der Erde kommt.

Deshalb siehe du zu, dass auch du dort das leuchtende Gewand tragen darfst, das den Seelen zugehört, die ihre Kleider, d.h. ihre Gesinnung gewaschen haben im Blute der Demut des Lammes. Die sich Seine Demut zu eigen machten, welche als Frucht die göttliche Liebe hat.

Auszeichnungen sieht man hier noch nicht viele, sie fehlen aber nicht ganz. Alles, was einem der Herr geben kann, das gibt Er auch. Aber wie dort alles von der Vereinigung und Ähnlichkeit mit Christus abhängt, so ist dies auch im Falle Seiner Auszeichnungen. Es ist wohl denkbar, dass Seelen, die hier in einer Sphäre über eine gewisse Stufe nicht hinausgekommen sind, in den höheren Sphären einen herrlichen Schmuck bekommen, ihn aber erst dann tragen können, wenn sie dort sind.

Doch viel wichtiger als Auszeichnungen, so sehr sie auch erfreuen mögen, ist die Hineingestaltung in das Bild Jesu. Das allein ist ausschlaggebend. Und wenn auch nicht alle Gesichter gleich aussehen, so ist es doch gewiss, dass alle IHM im Wesen ähnlich sein müssen oder es werden müssen, je höher sie zu IHM emporsteigen, empor zu der Größe Seines Wesens.

Daher eile der Herrlichkeit des Herrn entgegen, damit wir dich einst mit Freuden begrüßen können in der Herrlichkeit des Herrn im Lichte.

Die vierte Stufe:
Das Land des Gehorsams

Den Bewohnern der dritten Stufe, die sich über ihre Grenzen begeben, um in das Land der vierten Stufe eingehen zu dürfen, tönen Jubellieder entgegen, die die Liebesherrlichkeit des Herrn besingen, wie ihr Erdenmenschen es noch nie gehört habt. Dazu leuchtet das Licht und die Herrlichkeit der Paläste in einem Glanz, dass die Neuen es kaum ertragen können. Wenn die sie begleitenden Engel nicht bei ihnen wären, dann könnten sie kaum weitergehen. Hier im Lande des vollkommenen Gehorsams verstehen sie erst so recht, was das Wort des Herrn bedeutet. Von dieser Stufe redet der Herr auf Erden so manches Mal. Aber man hat IHN damals nicht verstanden und versteht IHN auch heute noch nicht darin. Wenn ER davon sprach, dass es Seine Speise sei, den Willen des Vaters zu tun, dann sprach ER von der Gesinnung derer, die in der vierten Stufe sind. Darauf bezieht sich auch die Bitte im Vaterunser:

Dein Wille geschehe auf Erden wie im Himmel! Was wissen die Menschen schon von Seinem Willen, und wie tun die danach, die sich nach Christi Namen nennen! Und doch ist der Gehorsam die Lebensverbindung mit dem Herrn. Das sollten die sich „Jünger Jesu" Nennenden ganz anders praktisch beachten und sich stets danach richten. Wer sich nicht im steten und ganzen Gehorsam übt auf Erden schon, dem ist der Aufstieg in diese herrliche vierte Stufe verschlossen. Sein Gehorsamsgeist verkümmert, und er hat dann mehr verloren als die ersten Menschen im Paradiese. Ausnahmen kennt der wahre Gehorsam nie!

Durch den Gehorsam kommen die Menschen erst in die rechte Lebensbeziehung zum Herrn. Das Wort von der Speise ist nicht eine bildliche Redewendung oder Entsprechung, sondern eine Tatsachse von der allergrößten Bedeutung. Wer dem Herrn ganz gehorsam wird, der kommt dadurch erst in die rechte Lebensverbindung mit den Quellen des Thrones Gottes. Der nur hat den Anschluss, die Vereinigung mit dem ewigen Leben aus Gott gefunden! Deshalb gilt in der vierten Stufe nichts mehr, als der Alleinwille des Herrn und die Offenbarung desselben durch Sein Wort.

Bei diesen Bewohnern ist der Gehorsam die innere Haltung, aus der ihr ganzes Leben fließt. So war es bei

Maria, der Gebärerin des Fleisches des Herrn, als sie im Glaubensgehorsam sagte: „Siehe, ich bin des Herrn Magd, mir geschehe, wie, du gesagt hast!" (Lk. 1,38)

Diese innere Haltung lehrt, dass die Herrlichkeit des göttlichen Willens zuerst voll erkannt und dann unverändert und stets erfüllt werden muss. Wer im Ungehorsam des eigenen Willens, und sollte dies in noch so fromm getünchtem Kleide sein, beharrt, der hat keine Ahnung, was für eine wunderbare Herrlichkeit und Glückseligkeit im Willen des Herrn verborgen ist! Sein Wille ist immer auf die Vollendung Seiner Herrlichkeit in der Schöpfung gerichtet. Und dieses hat man in der vierten Stufe ganz klar erfasst. Dort hat man nicht nur gelernt, „Ja" zu sagen zum Willen des Herrn, sondern man hat wirklich gelernt von der Haltung der höchsten Engel. Diese erfüllen mit größter Freude und heiligem Ernst stets und in allem den Willen des Herrn ohne die geringste Abänderung. Was hingegen die Erdenmenschen in vermeintlicher Verbesserung oder Anpassung an die derzeitigen Verhältnisse glauben tun zu dürfen oder gar zu müssen. Das ist nie des Herrn Wille, sondern der Eigenwille der Menschen! Also Ungehorsam und Unglaube! Wer im Ungehorsam des eigenen Willens, selbst im gläubig-frommen Kleide, verharrt, der hat keine Ahnung wie er sich selbst schadet.

Deshalb stehen diese Bewohner in einer ganz anderen Rangordnung wie die der unteren Stufen. Sie werden an die Seite des Herrn gerückt. Unten ging es vielfach noch um die Errettung aus den Schlingen des Unfriedens und der Ungerechtigkeit, aber hier geht es um mehr: Um das Tun des Willens des Herrn in Seiner Herrlichkeit, in der völligen Erkenntnis, dass Sein Wille die allergenaueste Ordnung enthält. Der in den allergeringsten und allerkleinsten Dingen der Unendlichkeit, die Unendlichkeit in Harmonie erhält. Hier wird die völligste Gottesherrschaft gepflegt, wie in keiner der unteren Stufen. Die Einigkeit des Willens zum ganzen Gehorsam belebt alles und ist den Seelen hier zur Natur geworden. Dadurch kehrt die Seele in das Ebenbild Gottes zurück und bekommt wieder ihre ursprüngliche Gottesverklärung und Kraft.

Aus diesem Gehorsam heraus, der ein ganz neues Verhältnis zum Herrn schafft, gibt es auch ein ganz anderes Licht. Hier ist schon mehr direktes Licht vom Throne Gottes, während die unteren Stufen nur indirektes Licht empfangen. In diesem unmittelbaren Gotteslichte leuchtet nun alles, besonders die Paläste, denn von Wohnungen kann hier nicht mehr geredet werden. Klarheit und Herrlichkeit prägt sich hier aus in allem. Die Bewohner leuchten und sind verklärt, so dass sich vor ihnen die Bewohner der oberen Stufen nicht zu überschatten brauchen.

Ach, dass die Erdenmenschen doch erkennen, was es heißt und was es ist, dem Herrn wirklich gehorsam zu sein? Übe dich, der du jetzt dies liest, immer mehr im freudigen Vollgehorsam in steter Treue, damit du reif wirst für diese Herrlichkeiten. Jede Gehorsamsübung vermehrt auf Erden schon das himmlische Kraftlicht in dir. Während jeder Bruch des Gehorsams die höllische Finsternis und den Abstand vom Herrn in dir vermehrt und dich in der göttlichen Liebe erkalten lässt.

Das Licht bringt hier auch ganz andere Blüten hervor. Die Früchte, die hier reifen, weisen eine Vollkommenheit an Herrlichkeit auf, die ein Erdenbürger nicht verstehen könnte. Sie sind Entsprechungen des inneren Standes der Bewohner. Ein Gleichnis vermag dieses nur unvollkommen zu erklären. Die Blüten und

Früchte im Süden eurer Erde und die im kalten Norden. Welch ein Unterschied? Viel vollkommener ist dieser Zustand zwischen denen der Herrlichkeit der vierten Stufe und denen eurer finsteren Erde. Verwunderung und Erstaunen über und über für alle, die von eurer Erde aufsteigen in diese Stufe.

Die Blüten hier sind von einer solchen Lichtschönheit und Farbenunendlichkeit, dass sie allein die Seelen aufjauchzen lassen. Dabei tragen und spenden sie einen Duft, der unbeschreiblich ist und seinesgleichen sich nur andeutungsweise auf eurer Erde vorfindet. Diese Blumen können nie mehr welken und sterben, denn sie sind unmittelbare Boten des alles Leben ausstrahlenden Herrn. Auf ihren Blütenblättern sind oft genug die Botschaften des Herrn geschrieben. Alles hat hier Anteil an der himmlischen Offenbarung des Willens ihres Schöpfers. Ein harmonischer Lobpreis in herrlichem Akkord, als beseligender Schöpfungsjubel der Ewigkeit!

Und wie es mit den Blumen ist, so ist es auch mit den Früchten. Sie sind von einer Lebensfrische, Herrlichkeit und unendlichen Vielfalt, die wunderbare Erquickungen bringt. Der Genuss einer solchen Frucht ist göttliche Kraftmitteilung und Beseligung aus der Hand der Ewigen Liebe.

Beachte daher jetzt und merke es dir: Jeder Genuss, der dich von der Gemeinschaft des Herrn trennt hier auf Erden, er wird dich auch trennen von dem Genuss dieser Herrlichkeiten. Daher vermeide sie alle aus Liebe zum Herrn und um deiner Seligkeit willen?

Die Früchte vom Baume des Lebens sind entsprechend dem heiligen Organismus und unvergleichlich in ihrer Wirkung. Wer nun wissen möchte, ob man dort auch noch andere Nahrung hat, so sei gesagt, dass in den unteren Sphären außerdem vielerlei Speisen geboten werden. Doch je näher zur Herrlichkeit des Herrn, desto ausschließlicher dienen als Nahrung die himmlischen Früchte. In seinen Höhen finden sich Tischgemeinschaften, die alle Harmonie und Schönheit unfassbar weit in den Schatten stellen und geradezu wiederum eine Seligkeit für sich bedeuten. Der Herr hat jeden Menschen erschaffen, damit er in der Gemeinschaft mit IHM und untereinander lebe.

Deshalb finden sich auch in den himmlischen Stufen Dörfer und Städte. Sie entstehen aus dem heiligen Liebewillen himmlischer Baumeister. Der Baustoff ist hier Kristall. Auch er ist verschieden an Klarheit, Schönheit und Farbe. Diese Siedlungen strahlen sonnenartiges Licht aus. Die einzelnen Paläste sind verschiedenartigste, denn jeder entspricht der Eigenart ihrer Einwohner. An der inneren Ausgestaltung und Einrichtung sind himmlische Engel nicht unwesentlich beteiligt. Sie bringen nicht nur, das Bild eures Wesens dem Himmel zur Kenntnis, sondern auch eure Lieblingsneigungen und Hoffnungen. Es ist ganz wunderbar. Da wird gar nichts übersehen, was Freude und Erquickung für die Einwohner bedeutet. Alles entsprechend dem treuen Gehorsame in Selbstverleugnung des Inhabers.

Dort werden die getreuen Erdenpilger einmal alles vorfinden, was sie bewusst und unbewusst in ihrer Liebe zum Heiland gern zu Seiner Freude und Verherrlichung geübt und gepflegt haben. Was an Licht und Liebe in der Seele schlummerte, das kommt auch hier zur Offenbarung. Und es drückt sich auch dann in seiner Häuslichkeit aus.

Wie die einzelnen Wohnungen sind, so auch die Gemeinschaften, in denen man lebt. Dort entscheidet nicht mehr die Rasse, Blutverwandtschaft, der Stand oder die Verstandesbildung, sondern nur die Wirkung des Blutes Jesu auf die Liebe des damit Gewaschenen und Erlösten; der heilige Liebegeist, in dem man vereint wird und vereint bleibt Das sind dann Gemeinschaften von wunderbar beseligendster Art. Bei allen ist hier der gleiche Gehorsam, das gleiche Ziel, die gleiche Herrlichkeit in der gleichen Erkenntnis des alleinigen Willens des Herrn. Dort findet jeder Mensch die Seelen, mit denen er am besten der ganzen Herrlichkeit des Herrn nacheilen kann. Es fehlt aber auch nicht an Hemmungen, die in der unaussprechlichen Schönheit des Landes selbst begründet sind und deshalb die Seele hier aufhalten können. In den einzelnen Sphären ist so mancher Unterschied zu bemerken durch die Verschiedenheit der Herrlichkeit.

Diese Gemeinschaften hier dienen nicht nur der Freude und dem Gedankenaustausch, obwohl dies ein hervorragender Zug dieser Stufe ist, sondern auch der Arbeit. In dieser Stufe gibt es noch viel zu lernen, um reifer zu werden für die höheren Stufen. Darum sind die Dörfer und Städte auch Arbeitsgemeinschaften von gleichgearteten Wesen, die der Herr zusammengeführt hat, entsprechend der Vielfalt Seines himmlischen „Leibes", und die nun ihrer ewigen Endbestimmung auch untereinander nähergebracht werden.

Wie herrlich sich diese Gemeinschaften in ihrer gesammelten Liebeskraft auswirken, das kann jeder Erdenpilger daran erahnen, der auf Erden die Segenskraft erlebt, die er in gleichgearteten Kreisen spürt. Da ist es jedem eine Wonne, dem anderen zu helfen und zu dienen. Nichts behält der Helfer und Liebende für sich zurück, keine Gnade, keine Erfahrung, keine Unterweisung, alles wird weitergegeben zum Besten der Nächsten.

Hier hat man ja endlich völlig erkannt und aner-
kannt, dass jede Seele das lebendige Abbild des Herrn
Selbst in sich trägt, und das alles, was man dem Nächsten tut, das gibt man eigentlich ja freudig dem Herrn.
Denn jede Hilfereichung ist heiliges Opfer, das man
dem Herrn auf dem Altar des anderen darbringt. Daraus entstehen dann auch jene seligen Verbindungen,
aus denen Freundschaften hervorgehen, die die Erde
nicht kennt, noch ahnt.

Was diese himmlischen Siedlungen besonders herrlich macht, das ist der Strom des Lebens, der durch sie
dahinfließt. Der Herr gibt durch diesen Strom eine
hohe Lebensoffenbarung. Kräfte der heiligen Dreiei-
nigkeit wirken in diesem Lebenswasser. Nur einiges -
nicht alles - darf den Erdenmenschen darüber gesagt
werden.

Ein Gleichnis: Wie Erdenmenschen durch den Ge-
brauch von Heilquellen Kräfte in sich aufnehmen und
dadurch in ihnen so manche unerwartete und gute
Veränderungen vor sich gehen, so ist es auch bei dem
Strom des Lebens der Fall. Das Untertauchen in diesem
Strom bedeutet nicht nur Erquickung, sondern er-
neute Lebensmitteilung vom Throne Gottes her. An
manchen Stellen weitet sich der Strom zum lieblichen
See, der wie ein kristallenes Meer erscheint, durchsichtig wie die Luft hier. An seinen Gestaden befinden
sich die Hochschulen der an ihnen erbauten Stadt, die
Anstalten Jesus der ewigen Liebe Gottes, in denen Unterricht erteilt wird von den Bewohnern höherer Stufen.

Wenn ich dir, lieber Leser, diese Landschaften und
die mit Palästen gekrönten Hügel zeigen könnte, du
würden wohl nicht mehr auf deiner dunklen Erde wei-
terleben wollen. Aber wir freuen uns, dich einst nach

Absolvierung der Erdenschule dort einführen zu dürfen zu deiner und des Herrn Freude, um dir zu zeigen, was du im sterblichen Leibe nicht ertragen noch ahnen kannst.

In den Schulen dieser Stufe wird besonders Gotteserkenntnis gelehrt. Da gibt es wunderbare Entdeckungen für die Seligen im Wesen des heiligen Gottes. Der unaussprechlich gute und gnädige Gotteswille leuchtet da himmlisch klar auf in allen Lebensführungen der Einzelnen. Und so lernt jedermann den Herrn kennen und daraus noch inniger lieben. Der alles geordnet in ihrem Leben, um einst IHM sogar gleichförmig zu werden in allem als Sein ausgewachsenes wahres Kind.

Aber nun wird auch der unendliche Unterschied erkannt, der trotzdem zwischen ihnen und dem Herrn Selbst noch besteht und der unbedingt überwunden werden muss. Denn ehe sie in die nächsthöhere Stufe übergehen können, müssen sie auch in größter Not, in der Anfechtung, dem Herrn ähnlich werden. Der doch völligen Gehorsam darin geübt hat bis zu Seinem Gerichtstode, und der für eine völlig gefallene Geschöpfeswelt Selbst in das bitterste Gottverlassensein und Gericht hineinging.

Sie müssen erkennen, dass ihr ganzes Ich-Wesen durch die Wesensart des Herrn Jesus verwandelt werden muss. Die Treue des Herrn, die besonders in Seinen wunderbaren Führungen mit ihnen zum Ausdruck kommt, ist für sie ein Grund hehrster Liebesanbetung. Hier geschieht „das Wachstum in das vollkommene Mannesalter Christi", da wird emporgeführt zur göttlichen Größe. Neben dem herrlichen Gehorsam wird in dieser Stufe also die Erkenntnis der Weisheit des Herrn vermittelt.

Wenn die Seele das Licht des Bildes Jesu Christi in

sich aufleuchten sieht, dann lernt sie mit den himmlischen Fürsten und Engelsmächten die Herrlichkeit der Gottweisheit anbeten. Dort werden alle bisherigen Rätsel gelöst und jedes „Warum" zum Schweigen gebracht. Jetzt lernt die Seele verstehen, dass sie auf keinem anderen Wege der Gottesgnade zum Ziele gebracht werden konnte. Der Herr musste gerade den Weg mit ihr durch so viele Dunkelheiten gehen, die aber doch alle verklärt waren durch die der Seele unsichtbare Gegenwart des Herrn und Seiner Liebeskraft über Tod und Teufel. Das schafft nun ein Vertrauen und eine Anbetung des Herrn wie nie zuvor. Diese Bewohner dringen immer tiefer ein in die geheimsten Wege des Herrn und steigen so höher hinauf auf die Höhen zur fünften Stufe. Deshalb liegen auch diese Sphären in einer wunderbaren Ruhe, in die keine Ausstrahlung des Feindes mehr eindringen kann. Man schreitet der himmlischen Herrlichkeit, der Ebenbildlichkeit Gottes entgegen und sieht alles in dem Lichte ewiger Gnade liegen. Der Wille des Herrn wird je länger je mehr zur lebendigen Quelle des Lebens und der Erkenntnis hinführen, der in den höchsten Sphären der vierten Stufe dann seine Krönung findet.

Lieber Leser, der Herr hat dir diese Zeilen zugeführt, damit auch du dadurch angeregt wirst, in allem den Willen des Herrn in dir zu erforschen und zu erfahren, um Ihm dann gehorsam zu werden ohne Eigenwilligkeit. Je besser du dieses auf der Erde gelernt hast, desto leichter und schneller kannst du drüben aufsteigen. Dabei kommt der Ballast deines Eigenwollens heraus, der nur deinen Aufstieg, deine Vollendung hindert. Du selber kannst also vieles dazu beitragen, dass deine vom Herrn gewollte Vollendung rascher vor sich geht.

In Verbindung damit wirst du auch mehr und mehr königlicher Priester, lernst das Beten nach dem Willen des Herrn und wirst eingeführt in das Gebet des Herzens und der innigsten Liebesgemeinschaft mit dem Herrn Selbst. Die Seele lernt Blicke tun in das Herz des Herrn und in die geheimen Liebesgedanken Gottes, der nichts anderes begehrt, als die Seelen Seinem Sohne ebenbildlich zu machen. Hier haben diese Priester eine wunderbare Kleinarbeit die doch unendlich Großes hervorbringt.

Wenige Menschen auf Erden kennen die göttliche Macht des wahrhaft priesterlich, tragenden Gebetes und die Gesetze eines erhörlich-priesterlichen Gebetes. In der Gebetsgemeinschaft mit jenen königlichen Priestern aus der sechsten und siebenten Stufe lernt die Seele nicht nur den rechten inneren Herzensumgang mit dem Herrn, die heiligen Umgangs- und Wesensformen, die Sitten und Gebräuche des Heiligtumgebetes, sondern auch die bisher verborgenen, geheimen Liebeswege Gottes mit den Menschen erkennen. Er lernt hieraus die rechten Folgerungen zu ziehen, nach diesem Liebewillen recht zu bitten.

So hatten Elias und Henochs innigste Herzensgemeinschaft mit dem Herrn und daher geschah auch stets und ungemindert das, was diese beiden erbaten. Mit wie wenig Takt und Hochachtung vor dem Herrn beten doch oft die Erdenmenschen zu Gott! Im Himmel wird des Herrn und Seines Herzensheiligtums in ganz anderer Weise gedacht. Dort kommt es vor dem Herrn zur völlig ich-gelösten Versenkung in des Herrn Herz. Noch ist dies nicht so möglich wie in den höheren Stufen, aber hier ist der Anfang dieser wunderbaren Entwicklungen. Die Möglichkeit der Vereinigung der Seelen mit dem Herzen des Herrn ist so herrlich beglückend, dass ihr auf Erden mit diesen Möglichkeiten der Vereinigung gar nicht rechnet. Die Kraft und Innigkeit dieser Herzensvereinigung mit dem Herrn im Gebet wird im Johannesevangelium Kap. 17 nur angedeutet, und wird in der vierten Stufe bis ins Tiefste enthüllt und praktisch geübt.

Und es ist für die königlichen Priester eine heilige Aufgabe, himmlische Sitten, Möglichkeiten, Gesetze und Freuden ihren aufstrebenden Brüdern und Schwestern zu lehren, zu zeigen und lebendigst nahe zu bringen. Die Mitteilungen dieser herrlichen Führer über die Zustände und Bleibestätten in der höheren Herrlichkeit muten sich an wie die Schilderungen ferner Länder. Bei diesen Unterweisungen über die volle Vereinigung mit dem Herrn und der Seligen untereinander wird die Sehnsucht der Zuhörer nach oben immer stürmischer. Die Gnadenauszeichnungen welche die Lehrer tragen, zeigen den Bewohnern dieser Stufe Würden und Ehrungen aus den früheren, treuen Selbstverleugnungen ihrer Lehrer, die ihre demütige Herrlichkeit erst so recht offenbart. Das macht ihnen die eine große Wahrheit kund: „Alle Schönheiten des Himmels und der Erde sind zusammengefasst in JESUS."

Deshalb verlangen die Schüler auch nach nichts mehr als nach IHM und der Vollendung in Sein Bild, um dann mit Ihm untrennbar vereint zu bleiben. Und das treibt sie immer wieder an, sich in IHM zu versenken und die verborgene Quelle Seines Herzenslebens im eigenen Herzen aufzunehmen. Dort wird auch die herrliche Wirkung des Herzenslichtes Jesu so recht sinnfällig.

Du weißt aus den Neuoffenbarungen, dass alle Blüten und Früchte nichts anderes als verklärte Welten darstellen. Dort wirst du erst in aller Enthüllung erfahren, was die gütige Sonne vermag, wenn sie in ihrem himmlischen Kraftlichte auf der neuen himmlischen Erde Blüten und Früchte hervorbringt. Kannst du dir vorstellen, was dieses beinhaltet? Nein! Aber ich sage es dir schon heute, damit du dich beim Erreichen dieser Herrlichkeiten dankbar des Herrn erinnerst. So viel Licht und Lichtschöpfungen in solcher Endlosigkeit an Schönheit und Mannigfaltigkeit, kann ein Menschenherz in seiner größten Phantasie nie erdenken. Um wie vieles weniger wirklich davon erfassen und ertragen. So freue dich darauf und eile mit aller Herzensgewalt, um bald dort schon Bürger zu sein!

Über den Dienst im Kinderreiche, der dort viele Aufgaben bringt, hast du aus den Neuoffenbarungen gehört. Der Dienst, der von ganz hervorragenden Erziehern getan wird, macht viel Freude. Es ist auch ein wichtiger Dienst, denn es geht ja darum, dass die künftigen Träger der Herrlichkeit als Seine Beauftragten herangezogen werden in aller Erkenntnis des Vaters, des Sohnes und des Heiligen Geistes. In diesen Erziehungsstätten singt und klingt es, wie das nur im Himmel möglich ist. Die Kinderseelen jauchzen hier noch ganz anders wie auf eurer Erde. Hier ist das Leben in aller Freiheit der Seelen in ganz anderer Kraftfülle offenbar und macht sich dementsprechend frei. Die Schulen im Kinderreiche haben einen wunderbaren Lehrplan, mit dem sich kein irdischer vergleichen lässt. Schüler und Lehrer sind ganz aufeinander abgestimmt.

Die Lehrer sind hier die vertrauten Freunde ihrer kleinen und kleinsten Schüler, gewisser Art ihre liebenden Eltern des Geistes, die teilhaben an ihrem sich entwickelnden Leben, Streben und Wünschen.

Dort werden auch alle Fachwissenschaften gelehrt, die man auf Erden hat. Alle Lehrgegenstände sind vorhanden und sind ja schließlich die Ergebnisse der Beziehung des Menschen zum Geschaffenen und zu dessen Schöpfer. Diese Beziehungen sind aber dort viel klarer und ertragreicher als auf eurer gefallenen, finsteren Erde.

In diesen Schulen werden die Denker und Forscher erzogen, die in ganz anderer Weise, wie sie das einst auf Erden gekonnt hätten, die Ordnungen und Gesetze des Alls, des Menschen, der Seele und des Geistes erforschen und beherrschend benutzen sollen. Wie sehnsüchtig schauen sie nach den Riesen der Gebirge mit ihren Firnen und Gletschern, nach den bunt strahlenden, glänzenden fernen Gestirnen. Drüben wird das Besuchen und Erforschen dieser Schöpfungen für die meisten nicht ihr Beruf sein, sondern Ferienerlebnisse im unendlichen All.

Das von den Ferien klingt nun ganz irdisch und doch ist es so. Auch der Herr ruhte am siebenten Tage. Für die Bewohner der vierten Stufe ist die Erholung geradezu eine Notwendigkeit, um all das neu in sich Aufgenommene zu überdenken und miteinander in rechte verbindende Beziehung zu bringen. Sie sollen ja eingeführt werden in alle Werke des Herrn. Dazu brauchen sie auch ein wachsendes inneres Aufnahmevermögen und in diesen Ferien können sie es wachsen lassen. Da geschieht der große Austausch, die notwendige Verknüpfung der einzelnen Sonderwissenschaften.

Die Forscher, die Himmel durchstreifend, gehen dort zu den Priestern, um an deren Werken mit teilzuhaben; und diese wiederum gehen mit hinein in die Wunder der Schöpfungen des Unendlichen. Auf jeden Fall ist es so, dass jeder Geist universell ausgebildet wird. Das sind Unterrichtsstunden für Lehrer und für Schüler, die mit Stunden der gemeinsamen Erholung abwechseln. Niemals wird dabei übersehen, dass auch Schwierigkeiten im Lehrstoff sind.

Auch Schwierigkeiten des vom Herrn gegebenen unterschiedlichen Charakters treten auf. Die Anlagen, welche die Kinder vor ihrem Erdentode hatten, sterben mit diesem nicht ab. Sie müssen genau so beschnitten werden und in die rechte Stellung zu Gott und den Nebenmenschen gebracht werden, wie bei den Nutzbäumen und - sträuchern. Weil aber dort kein höllischer Feind mehr verhindernd einwirken kann, so ist der Korrektur- und Veredelungsprozess viel leichter und schneller. Aber im Gehorsam müssen sie genau geprüft und gestählt werden, wie die Erdenmenschen durch völliges Auf-sich-selbst-gestellt-werden.

Dabei haben dann die Erzieher als priesterlich Beauftragte manchen Kummer und rechte Not, wenn sie nicht verhindern dürfen, dass dann in diesen Entscheidungen all ihre lebendigst angewandten Lehrbeispiele in den Wind geschlagen werden und das entgegengesetzt Falsche und Arge getan wird. Die Seelen, welche als Kinder hinübergehen, sind dadurch vielen Gefahren enthoben worden, aber sie sind dadurch noch nicht zu bewussten, festen Überwindern geworden. Dieses können sie im Kinderreiche unter viel größeren Schwierigkeiten jedoch werden. Recht willig sich führen lassen und treugläubig gehorchen bringt auch hier Erfahrungen, die das Tun nach Gottes Ordnung dann nach sich zieht. So können auch sie emporsteigen zur Herrlichkeit Gottes, um zubereitet zu werden für den Ewigkeitsdienst, den ihnen der Herr zugedacht hat und für den ER alle Veranlagungen in sie hineingelegt hatte, vor Grundlegung der Welt.

In dieser Stufe erhalten auch viele Künstler Arbeiten in Edelmetall und Edelgesteinen. Sie arbeiten nach Aufträgen vom Throne Gottes, um Schmuck herauszuarbeiten, den der Herr den Seinen als Zeichen Seiner anerkennenden Liebe schenkt. Was dort geschieht in diesen Künsten, das lässt alles verblassen, was die Erdenkünstler schaffen. Diese Auszeichnungen sind dann Offenbarlegungen des innersten Charakters ihres Trägers. Auf Erden werden die Auszeichnungen nach dem Verdienste verliehen, in den himmlischen Sphären sollen sie jedoch die betreffenden Kräfte des Charakters der Liebe ihrer Träger offenbaren. Jede Stufe bringt Steigerung dieser Liebeskräfte mit sich.

Noch etwas Wichtiges aus dieser vierten Stufe: Wer in die höheren Sphären aufwärtssteigt, der kommt dadurch zu immer völligerer Verklärung. Dem wird dadurch auch die Möglichkeit gegeben zu herrlicherem Dienst in den unteren Stufen bis hinab zur Erde. Der Herr beruft hier die Seelen, entweder ganz persönlich oder durch eine leuchtende Schriftbotschaft auf Tafeln erscheinend, die in einem besonderen Raume ihres Palastes sind. Nun fängt eine neue Herrlichkeitsoffenbarung für sie an, die sie überglücklich macht. Größer, beseligender als alles zuvor Erhaltene. Durch das Dienen nach des Herrn Willen und Liebesordnung steigen sie empor zu den Höhen der Herrlichkeit. Was sie dort an den Grenzen der fünften Stufe erleben, ist die Herrlichkeit Gottes in Seinem Sohne Jesus Christus.

Sie stehen vor den Wundern einer neuen Welt, die sie jauchzend aufsingen lassen in den Glückstönen der Himmel. Und wie diese Lobgesänge klingen! Aus ihnen schallt der Triumph des Herrn, dass Seine Gnade, Seine Geduld, Sanftmut, Demut und Barmherzigkeit zum Ziele in ihnen gekommen ist. Der Gehorsam Seinem Worte gegenüber wird offenbar als die Ursache der Herrlichkeit, die sie nun erlangt haben durch ihre eigene vom Herrn so treu geförderte Liebe und vor allem durch die Liebe des Herrn selbst. Die herüberstrahlende Herrlichkeit der fünften Stufe zieht sie hinüber über die letzten Höhen, um einzugehen in den Glanz der weiteren Vollendung. Viele, viele kommen in

Jahrtausenden nicht zu dieser Klarheit und Tragfähigkeit. Andere jedoch eilen vorwärts mit der Sehnsucht einsamer Adler am Firmament, denen dieser Flug nach oben das Lebenselement ist.

Einst wird der Tag kommen, an dem auch du den Höhen dieser Stufe gegenüberstehst, dich nicht durch sie aufhalten lässt, und weiterziehst dem Urlichte Gottes entgegen. Lerne aus jedem Wort des Herrn für dich den Lockruf Seiner Vaterliebe zu vernehmen. Und entnehme aus jedem Seiner Gebote die Sehnsuchtskraft des Adlers, der in die höchsten Höhen fliegen muss, um gestillt zu werden in IHM, JESUS. Bei Ihm ist deine bleibende Heimat, dieser eile zu!

So vernimm denn auch, dass alle deine dir noch unsichtbaren Freunde wünschen, dass auch deine Sehnsucht so groß werden möge, um in allem zur Tat im völligen Gehorsam zu schreiten. Dann können wir als Vollzahl vereint dienen in Seiner Kraft nach seinem Willen. Daher entsage, entfliehe allen zeitlich-sinnlichen Genüssen, die doch nur deiner Eigenliebe Nahrung geben. Sie halten dich auf.

Nichts, gar nichts in der Welt ist so wichtig wie das Eine: Des Herrn Wohlgefallen zu erlangen durch völliges Eingehen in Seinen Willen, der dich ja herrlich machen will in Seinem Bilde. So jage auch du nach dem Ziele, das droben ist. Lasse dir die Liebesschwingen deiner Seele wachsen durch stetes Betrachten des Wesens des Herrn und der Abkehr von deinem törichten Ich-Wollen. Er ist der alleinige Herr der Unendlichkeit und auch der Deine! So wirst du getragen durch die Schwingen deiner himmlischen Sehnsucht zu IHM.

Die fünfte Stufe:
Das Land der Liebe

„Die Liebe ist die größte unter ihnen!", mit diesen Worten beschließt Paulus das Hohelied der Liebe im 1. Korintherbrief Kapitel 13.

Diese Wahrheit ist auch in den himmlischen Welten höchste Erkenntnis. Aber diese Liebe erschließt sich nur dem, der im Gehorsam zu Gottes Liebewillen ganz treu ist. Sie macht den Menschen dem Herrn ähnlich und lässt ihn wachsend teilnehmen an der Herrlichkeit und Kraft Seines Wesens, um zuletzt Ihm gleich zu sein und Ihn zu erkennen im allerinnersten Herzensgrunde, wie ER ist. (1. Joh. 3,2).

Deshalb ist der Übergang von dem Reiche des Gehorsams in das Reich der Liebe eine Beförderung von großer Bedeutung. Mit dieser Stufe kommt die Seele eigentlich erst zum Heiligtum der Himmel, in dem die Herrlichkeit Gottes sich offenbart. Alles, was sich in den unteren Stufen an Licht und Schönheit zeigte, findet hier seine Zusammenfassung und helle Steigerung.

Wie du manchmal in den Bergen beim Sonnenuntergang noch einmal die ganze Schönheit der Sonnenstrahlen in den Firnen sich spiegeln siehst, so ist es auch hier. Die Lichtfülle und Harmonie ist unbeschreiblich, die den Seelen entgegenglänzt und sie blenden müsste, wenn ihre Augen nicht durch den Liebeeinfluss des Herrn dazu vorbereitet wären.

Die Einführung der Neuhinzugekommenen ist jedes Mal ein großes Fest. Sie kommen mit ihren Lehrern, die in einer höheren Lichtfülle erglänzen, sobald sie die Grenzen dieser Stufe überschreiten. Aber auch die neuen Bürger dieser Ebene erstrahlen im gleichen Augenblick. Ihr Angesicht wird noch mehr leuchtend verwandelt in das Bild Jesu Christi, es leuchtet die Liebe in beseligender Milde. Das Land der Vollkommenheit ist erfüllt mit dem Jubel seiner Einwohner, die den Herrn Ihres Lebens preisen, der so unaussprechbar wunderbar ist in Seinen Liebeplanungen und -führungen.

Ein besonders Wunderbares ist der Willkommengruß, der den Ankömmlingen entgegengebracht wird. Lob, Preis und Anbetung sei dem Herrn dargebracht, der auch dich für dieses hohe Ziel bestimmte. Nirgends und in nichts wirst du auf Erden Befriedigung finden. Nur dort wird sie dir werden, wenn du mit dem Ursprung alles Daseienden vereint bist. Wenn du schauen könntest, was der Herr für die Seinen dort bereitet hat, dann würdest du verstehen, dass es sich aller Mühe der Selbstverleugnung wahrlich lohnt, alles Hindernde zu meiden und von ganzem Herzen zum Ziele der Vollendung bei Ihm zu eilen.

Die Heimgekehrten kommen in einen neuen Kreis der Vollendung und haben alles von einem leuchtenden Feuerkristall in sich, von dem in der Offenbarung. Johannes Kapitel 13 die Rede ist. Es sind alles Seelen, die auf Erden durch viel Leid, Not, Verfolgung und Enttäuschungen gegangen sind, doch ohne Widerstreben und in Gelassenheit ihres erkannten Zieles wegen. Ohne Klagen oder Rachegedanken gegen ihre Feinde. Sie sind berufen zur steten Gemeinschaft mit dem Lamme und haben gelernt, das Leid zu ertragen, weil es sie fester an Jesus binden hilft. In ihrer Seele ist die Kreuzträger-Natur ausgeprägt, sie verherrlicht ihren großen Vorgänger. Sie wissen, dass keine Seele erlöst werden kann, ohne dass sie bereit ist, mit Seiner stillduldenden Lammesnatur am gleichen Leidensstamme des Querholzes befestigt zu sein wie ihr ewiger Erlöser. Nur so können auch sie wirken als Bannerträger des ewigen und vollkommenen Opfers Jesu. Niemand und nichts kann eine Seele erlösen, nur der Herr, das Lamm Gottes. Diese erlösten Seelen werden nun Teilhaber am großen Erlösungswerke in dem himmlischen Weinberge des Herrn, auch im Mitleiden-Dürfen in Seinem Liebeleiden. Und die Erlösten dieser Stufe tragen diesen herrlichen Leidenscharakter Seiner Sanftmut und Demut, der sich wunderbar zeigt in seiner Klarheit. Deshalb können in diese Stufe keine Seelen aufrücken, die sich weigerten, ein Opfer für Christus zu sein, teilzuhaben an Seinen unverschuldeten Leiden. Jetzt sehen sie die Erfüllung des Wortes: „Leiden wir, so werden wir dadurch auch mit herrschen." (2. Tim. 2,12)

Und nach dem Maße des Leidens tragen sie auch Seine Herrlichkeit. Auf Erden ist es der Seele oft schwer, wenn sie verkannt, verachtet wird im Gehorsam zum ganzen Willen des Herrn. Hier wird ihr das der Grund ewiger Glückseligkeit. Wie viele haben in ihren letzten Stunden auf Erden in eingetretener Erleuchtung ausrufen müssen: „Wenn ich noch einmal auf diese Erde kommen würde, ich würde viel, viel mehr leiden wollen um des Herrn willen. Doch nun ist es zu spät dazu!" So ist es in Wahrheit.

Deshalb wehre dich nicht mehr zu leiden, lieber Leser! Zu leiden um der Liebewahrheit willen, wenn du anders handelst wie die Unwissenden. Achte es schon dann für eitel Freude und danke dafür dem Herrn. Nichts, gar nichts wird hier im Lichte übersehen und vergessen. Bedenke, auch nichts Arges, Liebloses und Gottwidriges.

Aber alles, was der Mensch leidet um Jesu willen, das wandelt sich hier in Herrlichkeit. Darum freue dich und sei dankbar! Der Herr wertet dein Leben nach diesen Gesichtspunkten und nicht nach denen der blinden Menschen. Wie viele dunkle Wolken auf Erden werden in den Himmeln zu einem leuchtenden Kristall. Aber wie viele Täler von materiell-seelischer Sorge, in denen die Tränen materiell-zeitlichen Dingen und Genüssen nachgeweint wurden, sind doch wertlos und hinderlich für sie! Doch die Tränen der Sorge in betender Angst um das ewige Heil der anderen Seelen, diese werden hier offenbar als perlenklare Leuchten der Herrlichkeit, an den Ufern des Lebensstromes liegend. Jede Sorge, jede Angst für anderer Seligkeit findest du hier herrlichst erhalten! Daher weigere dich nie mehr zu leiden für Jesus. Hingegen danke Ihm für diese besondere Art von himmlischen Segnungen.

Aber nicht nur das Leiden für Jesus, sondern jedes Leiden, wenn es kein Leiden aus der Sünde geboren ist, verklärt die Seele, wenn sie es im Sinne Jesu und um Jesu willen in Geduld und Vertrauen zu Ihm erträgt. Solche Leiden haben nun einmal eine wunderbare Verwandlungskraft, von der viele auf Erden sich nennende Christen gar wenig wissen, noch erfahren wollen, sonst würden sie leidenswilliger sein und sich allen Leiden, Trübsalen, Entbehrungen, ja, ererbten Krankheiten selig-hoffnungsfreudiger ergeben. Die Tage der Erdenfreude und des Wohlgenusses erbringen selten Ewigkeitsfrüchte. Denke du nur an den reichen Mann und den armen Lazarus. Die Tage des Leidens, des Entbehrens, des Zerschlagens irdischer Hoffnungen sind bei rechter Betrachtung stets früchteschwer. Doch all diese Leidensfrüchte werden hier im Lichte des Landes der ewigen Liebe wiedergefunden und lebenstriefend der Seele als himmlische Nahrung dienen.

Vergiss daher nie, dass Dulden, Erdulden und Ertragen im Geiste des Herrn, den Verlorenen Seinen himmlischen Liebegeist in und an dir offenbaren sollen. Dann wird dein Platz auch für dort bestimmt, wo die Herrlichkeit der ewigen Liebe weilt, hier im Lande der Liebe.

Jeder kann sich denken, dass es hier für die Überwinder eine jubelnde Überraschung gibt. Ihnen wird dadurch die Liebe ihres Herrn so groß, dass sie anbetend in heiligem Schmuck niedersinken. Sie merken jetzt, dass der Meister ihnen in ihrer dunkelsten Erdenzeit am nächsten war. Sie erkennen auch, dass Seine Weisheit ihr Leben so gestalten musste, um die herrlichen Auswirkungen Seiner Gedanken in ihnen zu erzielen. Die Zeiten dunkelsten Glaubens werden ihnen nun zu Offenbarungen lichtester Herrlichkeit. Und die Schmerzen ihrer Seele, von denen sie oft meinten, dass sie zu heftig für sie seien, erweisen sich jetzt als Boten der Liebe des Herrn, die heilige, heilende Arbeit zu tun hatten, um die Seele von der Zeit der Vergänglichkeit in die Endlosigkeit des Geistes zu geleiten. Hier gibt es keinerlei Schmerz mehr, auch den des zu späten Reueschmerzes nicht. Keine Not, keine Entbehrung, keine Enttäuschung, kein Kreuz, alles ist voller Glückseligkeit. Dort ist alles überwunden.

In diesem Lande der Liebe erschließt sich ihnen erst so recht die Liebe des Herrn in ihrer führsorgenden, vorsorgenden, tragenden und alles erhalten wollenden und könnenden und zum Besten dienenden Wesenheit. Durch alle Stufen hindurch haben sie der Liebe des Herrn gedacht und sind durch sie erhalten und genährt worden. Aber hier erkennen sie diese Förderungskraft erst in ihrem rechten Sinne. Sie ist ja die Ursache ihrer Glückseligkeit und der Grundzug ihres eigenen Wesens geworden, da sie einst ganz anders ausgerichtete Wesen waren. Und alles preist den Herrn. IHM singen die Vögel ihre Lieder und die Blumen, als Welten selbstbewusster Kleinwesen, verkünden Seine Weisheit. Groß und wunderbar ist die

Schöpfung, in der die Vollendeten und aus dem Herrn Gerechten glückselig wandeln mit den Himmlischen in nun erst klarstem Wissen: „Alles ist nur rein geschenkte Liebe, Gnade, Weisheit und Barmherzigkeit!" Und darin unterrichtet hier alles, die Lehrer und die Schöpfung.

Am herrlichsten jedoch erkennen die Vollendeten diese Liebe des Herrn in sich selbst. Schon die Erwählung von Ihm, ehe dieser Schöpfung Grund gelegt war, leuchtet auf als himmlisches Licht. Die Erfahrungen, die in den unteren Stufen vorausgingen, haben ihr jetziges Wissen vorbereitet. Die Seele wird gewahr, dass sie erschaffen wurde, um in Ihm und mit Ihm zu sein und für alle Ewigkeiten ein Glücklichsein zu genießen, das rein göttlich ist und nichts Geschöpfliches mehr an sich trägt, als nur Sein Kind zu sein.

Von hier aus erfasst die Seele die Erlösung vom Geschöpf zum Selbstschöpfer ganz anders, als es vorher möglich war. Ihr erschließt sich der bisher geheimnisvolle Zusammenhang zwischen Seele und Geist, und auch der Unterschied zwischen den nie gefallenen Engeln und den der erlösten, heimgekehrten, erfahrungsreichen, an sich völlig zerbrochenen Seele, die das nun geschenkte Seligkeitsleben dadurch erst recht zu werten weiß.

Die Erlösung von Ewigkeit her wird ein selig Besitz. Der irdische Weg unseres Herrn und Lebensmeisters, angefangen von dem Verlassen Seiner Herrlichkeit bis zu Seiner Wiederaufnahme des Thrones der göttlichen Majestät, leuchtet als Kronjuwel auf. Kein Mensch kann ermessen, was es für den Herrn bedeutet hat, diesen Weg zu gehen. Und nun sind wir in diese Liebe hineingestellt, das wird uns allen hier zur bewussten, aber unaussprechlichen Glückseligkeit. Jetzt erst wird Sein Kreuz als der Thron göttlicher Liebeweisheit erkannt, an dem das Gericht über jede Sünde und den gefallenen, ersten Engel vollzogen und vollendet wurde. Deshalb wird IHM hier, als dem Lamme Gottes Anbetung zuteil, wie sie nur Vollendete und ganz Eingeweihte in ihren Herzen haben können. Von hier aus steigen wie warmleuchtende Strahlenbündel die Herzensergüsse empor zum Throne Gottes, und Engel begleiten sie in hehrem Staunen ob solcher Schätze in den Herzen der Erlösten aus der Tiefe.

Wenn die Seelen die Liebe als die tiefste, höchste, letzte und stärkste in alle Räume der Unendlichkeit noch dringende Kraft erkennen, dann kommen sie auch zur lebendigsten Erkenntnis, dass in ihr alle Lebensanfänge sein müssen. So stehen sie mitten drin in der Herrlichkeit des ewigen Lebens unendlicher Schöpfungswunder dieser Liebe Gottes. All Sein Tun wird dann zu einer neuen Liebesoffenbarung. Der Umgang mit den Seligen wird dann zum Lobpreis Seiner Liebe.

Die Beschäftigung mit der Kreatur und der Schöpfung wird Anlass, sich immer tiefer hineinzuversetzen in die heilige Gottesordnung Seiner Liebe. Dass in solcher Lebenshaltung eine Gemeinschaft mit dem Herrn entsteht und mit den Seligkeiten daraus, wie sie die Erde nicht hat und verstehen kann, das ist verständlich. Hier gibt es Vereinigungen mit dem Herrn und Seinen Vollendeten, wie sie nicht zu schildern sind. Das muss man selbst erlebt haben. Aber bedenke, dass auch schon bei euch auf Erden der Ausdruck geprägt wurde: Zwei Herzen und ein Gedanke. Das ist nur ein Schatten der Herrlichkeit himmlischer Herzensvereinigung, ein schwacher Hinweis auf die vollendete, vollkommene Herzensgemeinschaft der Himmel.

Nur die göttlich-heilige Liebe kann das Wesen, das Herz und die Weisheitsgedanken in der unendlichen

Schöpfung des Herrn verstehen. Deshalb ist der Unterricht ganz auf dieses Ziel eingestellt. Alles soll die Liebe des Herrn erhöhen und das Echo dafür in Seinen Kindern erhöhen. So sind auch die himmlischen Lehrer, die von dem Throne Gottes kommen, darauf aus, der Seele die Zusammenhänge dafür zu erschließen. Sie führen hinein in den heiligen Liebesdienst, der auf die Seligen wartet. Diese dürfen in einem viel höheren Maße wirken, als sie dieses bisher konnten. Der Herr gebraucht sie schon zum Dienst auf Erden.

Aus dieser Stufe kommen viele von ihnen zu euch hernieder, um an euch Seelen in göttlichem Sinne einzuwirken. Ihr verdanket diesen Himmlischen sehr, sehr viel. Ohne euren freien Willen anzutasten, sprechen sie euch himmlische Ordnungsgedanken ein, bringen euch Trost, geben euch warnende, tröstende, erleuchtende Träume, bewahren euch vor Unglücksfällen und Gefahren mancherlei Art. Sie führen euch solche Wege, die euch, wenn auch durch euren Willen beeinflusst, letztendlich doch zu einer größeren Selbsterfahrung und Selbsterkenntnis führen und damit durch echte, wahre Buße dem Herrn näher. Sie beten und ringen für euch um vermehrte Gnadenströme. Ihr Herz ist erfüllt von solcher Liebe, dass sie mit Freuden ihre herrlichen Lichtwohnungen verlassen, um wie ihr Herr und Meister den Menschen zu dienen oft in einer Atmosphäre, die für sie ärger ist als der Gestank tiefster Hölle.

Wie wenige wissen doch von euch diesen Engeldienst zu beachten und zu würdigen. Wenn die Erdenmenschen mehr damit rechnen würden, dann könnte der Herr in ganz anderer Weise ihnen helfen in allen Lebenslagen. Aber so sorgen die Menschen in vermeintlicher eigener Kraft für sich, und Er kann dann nicht mit Seiner Kraft himmlisch für sie sorgen.

Der Engeldienst ist verschieden, je nach den Be-
dürfnissen der Menschen. Deshalb ist das Dienstleben
meist einem höheren Führer unterstellt, der nach dem
Plane des Herrn solche Vollendeten herbeiruft, welche
die große Autorität oder Vollmacht haben, nach dem
Ordnungswillen des Herrn zu wirken. Und je wichtiger,
wertvoller eine Seele ist, d.h. je mehr sie sich von oben
zurichten zu lassen willens ist, desto mehr und stär-
kere Hilfe erhält sie aus dem Heiligtum. Wer das einmal erkannt hat, der will mit großer Treue vor dem
Herrn wandeln, damit er nicht wieder verliert und
durch weltliche Lust verscherzt, was der Herr ihm gegeben hatte. Höret!

Im Lande der Liebe wird mit erhöhtem Ernste von
den Königen und Priestern gearbeitet. Die Erkenntnis
der Ordnungspläne Gottes ist hier besonders gefördert. Es soll ja einmal die ganze Schöpfung hineinge-
führt werden in den Reichtum Seiner Liebe. Dazu
braucht Er königliche und priesterliche Tätigkeit der
Vollendeten, d.h. von völlig Eingeweihten. Beide Klassen, die der Könige und die der Priester, tragen das Pa-
nier von Golgatha, so wie das schon während der Lei-
denszeit Jesu erwähnt wurde. Nicht umsonst wurde
dort die Königsfrage aufgerollt und dem ewigen Hohenpriester das Herz gebrochen. Wenn das Reich Gottes aufgerichtet wird in seiner Herrlichkeit, dann wird
erst so recht offenbar werden, wie notwendig diese
Königs- oder Hohepriesterklasse für die Menschheit
ist.

So strecke auch du dich schon auf Erden aus mit
treuem Vollernste nach dieser Klarheit und gehorche
den zarten Herzensmahnungen aus der Himmelswelt.
Dann wirst du recht geschickt werden zu diesem
Dienste wahrer Seligkeit himmlischen Dienens. Die
Bewohner dieses Reiches werden nicht nur teilhaben,

sondern haben schon jetzt teil an der ersten Auferstehung, über sie hat der zweite Tod jede Macht verloren. Darum preist die Schrift sie auch als Selige und Heilige, denn der Herr ist mit ihnen zu vorbestimmtem Ziele gekommen, was Er eigentlich allen Wesen zugedacht hatte, Seine erwachsenen, voll in Seiner Liebe erstarkten Kinder zu werden. Nun hat Er sie ganz ausgefüllt, ausgestattet mit Seiner Herrlichkeit und Gottesmacht. In die Sphären dieses Reiches der Liebe, die noch gewaltiger sind als die unteren, dringt keinerlei Schatten der Hölle mehr. Der Kampf Satans kommt nicht bis hierher. Es sind daher Sphären, die keine Heerscharen des Herrn nötig haben, sondern geschützt sind durch die Kraft heiliger Gottesliebe und völliger Erlösung. (vgl. 1. Joh. 3,6–9; 5,18)

Dem herrlichen Zustande der Bewohner entsprechend ist auch die himmlische Kleidung. Das Weiß der Kleider ist unbeschreiblich in seinem Sonnenglanze. Von dem Verklärungskleide Jesu Christi heißt es: „Es war so weiß, dass kein Färber auf Erden es hätte machen können." Und es ist nicht nur die Farbe sondern auch das Gewebe das den leuchtenden Glanz hat. Kein Mensch könnte die Strahlen ertragen. Diese sind so durchdringend, dass irdische Geschöpfe geblendet würden. Aber hier gibt es noch andere Farben, aber alle sind so strahlend, dass es nicht angeht, sie zu schildern. Dementsprechend sind auch die Auszeichnungen. Alles, was auf Erden für den Herrn getan wurde in stetig-stiller Selbstverleugnung, das findet hier seinen übergroßen Lohn. Und dieses wird durch die betreffende Art der Auszeichnung geoffenbart. Was der Herr den einzelnen zugedacht hat, das wird von himmlischen Künstlern ausgeführt und das empfängt der Heimgekehrte hier im ewigen Leuchten. Mancher wird erst hier erkennen, dass die Liebe ihm übergenug

Kräfte verliehen, wenn er nur mehr erwartet und erbeten hätte.

Wenn dort Feste gefeiert werden, was zur Freude und Ehrung des Herrn oft geschieht, dann ist es ein Leuchten, gegen das euer irdisches Licht die barste Finsternis ist. Alle Hoffeste der Erde mit allen Diademen und Orden sind dagegen armseligste Eitelkeit.

Deshalb blicke auch du weg von allen Ehrungen, welche dir Menschen bereiten könnten und vergesse nie, dass der Herr die ganze Erde mit all ihrer Herrlichkeit dem Ihn versuchenden Fürsten dieser gefallenen Erde ausgeschlagen hat. Nur so kommst auch du zum himmlischen Ziel und zur Herrlichkeit dieser Stufe. Lasse alles beiseite und zurück, was nicht mit will zu diesem Ziele hin. Der Herr will es und wir deine Freunde auch!

Und die Wohnungen dieser Stufe! Dafür fehlt mir ein gleichnismäßiger Sprachschatz aus eurer gefallenen Erdensprache um sie zu schildern. Sie erinnern schon an den Kristallsonnenglanz der Herrlichkeiten der Stadt Gottes, dem himmlischen Jerusalem, und doch kommt er diesem nicht annähernd gleich. Die Durchsichtigkeit, entsprechend der Durchheiligung ihrer Einwohner, ist noch nicht so klar sonnendurchglänzt wie in der sechsten und siebenten Stufe. Und trotzdem ist alles wunderbarst, unbeschreiblich. Und die Einrichtungen! Sie verkünden jedem Besitzer und Besucher den Geschmack und die innere Gesinnung ihres Einwohners. Da aber auch hier gleichgesinnte Seelen am nächsten beieinander wohnen, so ist auch die zusammenhängende Harmonie dieser Kristallpaläste unaussprechlich schön.

Du merkst ja schon auf Erden, wie selig man sein kann, wenn man unter Gleichgesinnten ist und wie wohl du dich fühlst in dieser harmonischen Gemeinschaft. Dort ist all dieses unbeschreiblich herrlicher. So hilft auch die Inneneinrichtung mit, dass diese Gemeinschaften aufs Beste gefördert werden. Jeder dient nach der Art und dem Maße seiner Herrlichkeit. Keiner neidet dem anderen dessen Besonderheiten der Herrlichkeit, sondern freut sich über diese Besonderheiten, da er darin ja den Herrn Selbst erkennt in Seiner Liebeweisheit. So dient jeder in seiner Art und sie dient ihm so am besten. Und er selbst ist dabei am glücklichsten. Köstlich ist hier das Zusammenwirken, wobei der Herr gepriesen wird.

Wo die Liebe in ihrer vollen Reinheit die Triebfeder ist, da werden alle ihr innewohnenden Kräfte zur Entfaltung gebracht. Das ist schon auf Erden der Fall, um wie vieles vollkommener erst in den Himmeln. Diese mannigfaltigste Weisheit Gottes! Und die lichtvolle Schöpfung! Sie erfordern aber auch große und unendlich weit gesteckte Ziele der Arbeit, die getan wird von den Vollendeten des Himmels. Deshalb sind die Lehrer sozusagen mit fast unendlichsten Erkenntnissen angefüllt, die ihren Schülern die Himmel erschließen und erklären auf allen Gebieten. Hier werden die Seelen eingeführt in das Denken des Herrn. Und Seine Gedanken sind lichte Kraftstrahlen, die dann die Seelen mit großer Freude und tiefem Glück erfüllen. So werden sie nämlich hinaufgeführt zur völligen Liebesvereinigung mit ihrem Herrn und werden dabei immer mehr Ihm ähnlich an Wesen und Kraft. Er wartet ja darauf so sehnlichst, dass sie alle hinaufkommen zu Seiner Herrlichkeit!

Die Dienste werden je umfangreicher auch immer vielfältiger, damit alle vordem kleinsten Eigenarten und Gaben voll zur Entfaltung kommen. Die Lehrer, die dem höchsten Kreise um den Thron angehören, tragen die Demutswürden des Lammes. Sie sind daher auch bestrebt, dass ihre Schüler, ihrem Vorbilde nacheifernd, ebenso kraftvoll-tüchtig werden wie sie und zu dem gleichen Erbteile der Göttlichkeit gelangen. Du kannst nicht erfassen, wie viel Herrlichkeit schon in dieser Stufe vorzufinden ist. Sie ist maßlos groß und den Seelen die darauf nicht vorbereitet sind unerträglich. Es sind schon zuweilen solche hierher geführt worden, und sie fielen wie ein Blitz wieder zurück in ihren Kreis.

Die hier Wohnenden gehören zum Hochadel der Himmel. In dieser Stufe leuchtet nicht nur alles im Lichte der Herrlichkeit, hier ist auch alles eine harmonisch tönende Musik. Wo die Harmonie so weit gediehen ist wie hier, da ist alles ein herrliches Klingen und Tönen - „Sphärenmusik" - die zuweilen Erdenpilger hörten. Die Akkorde der Himmel erfüllen den Äther und die ganze Schöpfung atmet sie ein mit wonniger Lust. Ich wünsche, dass du einmal teilnehmen kannst an dieser Glückseligkeit und an dem Lobpreise des ewigen Lammes Gottes! Dann wüsstest du, was Anbetung im Himmel ist. Es würde dir dabei klar werden, dass du jetzt noch vieles abzulegen zu lernen hast, was dieser völligen Herzensreinigung und Verklärung hinderlich ist.

Der Dienst des Königspriesters wird hier in seiner Bedeutung erst so recht erkannt und ausgeübt. Von hier aus sendet der Herr die Seligen, damit sie dienen sollen auf Erden den Erdenpilgern, um ihnen den Himmel begehrenswert und bereit zu machen. Das ist nur möglich, wenn diese Vollendeten selbst zubereitet sind, ausgerüstet mit allen Gaben göttlicher Liebe in Vollkommenheit.

Weil in den Sphären dieser Stufe nichts mehr von Eigenliebe ist, die das Reingeistige stets verdrängte, so kommt die wahre Demut des Herrn zur Entfaltung. Daher betrachte auch du des Herrn Demut und mache sie dir zu eigen durch totale Selbstverleugnung in allen deinen Sonderwünschen und bisherigen Ergötzungen, dann wird dein reines Lieben auch immer gereinigter von aller geschöpflichen Eigenliebe werden. So können sich die Seelen hier in ungeahnter Weise in Jesu Bild entwickeln unter der Leitung der himmlischen Lehrer.

Dieses ist das Land, wo die göttlichen Geheimnisse offenbar gemacht werden. Und da gibt es viel zu lernen. Deshalb werden die Schüler schon so viel auf Erden zum Dienste gebraucht, damit sie viel Gelegenheit haben zur Bestätigung ihrer neuen himmlischen Erkenntnisse und um die Wahrheit der im Lichte enthüllten Geheimnisse zu erleben. Je tiefer sie in diese Geheimnisse eindringen, desto mehr empfangen sie Vollmacht und werden so geschickt zum Eintritt in das Land der Macht. Keiner geht über die Grenzen dieser Stufe, der auf dem Gebiet der ewigen Liebe nicht die Reife erlangte. Deshalb ist es töricht, wenn die Menschen irgendetwas höher achten als die Liebe Jesu Christi.

In jedem Liebedienst wird die Seele immer herrlicher, göttlicher und fähiger zum Dienste am Throne Gottes. Alles drängt schließlich zum Herrn aller Herrlichkeit. Jede Fähigkeit wird nur durch die Liebe verklärt und empfängt das Siegel der Gnade: „Höheres Licht über das Herz des Herrn." In dieser Liebe strebt die Seele immer mehr nach Höhen, wo sie den Herrn Selbst in Seiner Vollendung weiß. Wo sie geht und steht, wo sie arbeitet oder ruht, macht sich der Zug der Liebe des Herrn in den Herzen immer stärker geltend, um volle Vereinigung zu gewinnen und dann Seine Klarheit zu schauen. Wenn es dadurch zur Fülle dieser Sehnsucht gekommen ist, und alles in der Seele auf den

Herrn ausgerichtet ist, dann kommt der Augenblick, in der sie höher zu steigen befähigt ist, gleich dem vorangegangenen Herrn, als Er Sich von der staubigen Erde abhob, um dem Himmel entgegen wieder nach Hause zu gehen.

So kann nichts mehr die Seele aufhalten. Ihr ganzes Sein liebt den Herrn mit aller Kraft der Liebe. Der sie ja zuerst geliebt hat, herausgeliebt aus der dunklen, kalten Erdensphäre. Nun ist sie ausgerichtet mit neuen Gnadenströmen. Sie ist aufgebrochen und zieht weiter, um einzugehen in das Land der Macht.

Die sechste Stufe:
Das Land der Macht

Hoch über der fünften Himmelsstufe erhebt sich die sechste Stufe im Glanze der Herrlichkeit des Herrn. Wenn hier so oft von „Herrlichkeit" gesprochen wird, so meint dies bei zunehmender Schilderung dieses Berichtes auch eine Steigerung der himmlischen Herrlichkeit. Das Strahlen, Leuchten und Widerstrahlen der seligen Gefilde und ihrer herrlichen Wohnstätten ist anzusehen wie das Mittagslicht ewiger Sonne. Wer von der fünften Stufe hinübergehen darf, dem wird es zum großen Ereignis. Doch nur solche überschreiten die Grenzen, die in der Liebe die Fülle in sich aufgenommen haben durch ihre Demut. Sie haben die Reife erlangt. Bei ihnen ist alles durchglüht von der Liebe Jesu Christi, die IHN erfüllte, als Er sterbend für Seine Mörder flehte: „Vater, vergib ihnen, denn sie wissen nicht, was sie tun." (Lk. 23,34) Und da Er stets erhörlich betete, so haben dadurch Seine Mörder eine Vergebung erhalten, die den Erdenmenschen als unwahrscheinlich vorkommen muss, weil die Rechtfertigung durch

Jesu Liebe über die Gerechtigkeit Gottes noch weit, weit hinausgeht. Nur solche, die diese Liebeswahrheit in sich zu ihrem Lebensgrundsatz erhoben haben und vergeben, wo eigentlich nur noch ein Grund für die nackte Gerechtigkeit vorhanden ist, nur solche können eingehen in das Land der Macht.

Auf Erden ist es doch so, dass der, der die größte Macht besitzt, auch die meisten Mittel hat, diese anzuwenden. Und er wendet sie an, wo er kann. Vor solcher Macht beugen sich die Menschen und erkennen sie an. Die Reiche der Erde haben in ihren Wappen zumeist Raubtiere als Symbole dieser Macht. Irdische Gewaltmacht ist deshalb meist mit Grausamkeit und Blutvergießen verbunden. Dort sagt man auch: Wer gesiegt hat über den Schwächeren, der ist im Recht. Das ist die Gewalt und die Gerechtigkeit der Hölle. In der biblischen Prophetie erscheinen alle Weltreiche unter Tiergestalten, das letzte unter dem Zeichen eines Drachen. Der Drache beherrscht in der Menschenvorstellung alle Tiere und stellt den listigsten und grausamsten Geist Satans dar! Diese Macht wird sich kurz vor der Erscheinung des himmlischen Königs am stärksten entfalten!

Im Lande der göttlichen Macht erscheint der große Gegensatz zwischen Himmel und Erde. Irdische Gewalt gegründet auf Lüge, Gewalt der Heere und Waffen unter stärkster Knebelung des freien Willens der Menschen. Sie kann nicht ewig dauern. Wenn die göttliche Liebe einmal ihre Macht und Herrschaft über die Welt in den Händen hat, dann wird diese Macht auf kein böses, der Liebe trotzig widerstrebendes Volk mehr kommen.

Der Gegensatz ist freilich so groß, dass ihn Menschen nicht begreifen können. So wie die Weisheit nur von Weisheit verstanden werden kann, so kann göttliche Liebe nur verstanden werden von denen, die diese Liebe in sich frei und ungezwungen aufnehmen. Alle Grundsätze dieser Liebe sind schon im Leben unseres Herrn und Heilandes in tätigste Erscheinung getreten und haben sich in göttlicher Macht ausgewirkt über Tod, Sünde und Satan in der ganzen sichtbaren und unsichtbaren Geisterwelt. Die ganze Schöpfung wurde umgestaltet, die gesamte Geisterwelt fing seither an heimzukehren in das Herz der Liebe Gottes. Und so wie es im Unendlichen ist, so geschieht es seither auch im Leben der einzelnen Menschen. Die göttliche Liebe, verkörpert in der Person Jesu, überwand damals alles und besiegt seither meist unsichtbar den blinden Menschen. Voran gehen einzelne, dann folgen Gruppen, darauf Völker und zuletzt die gesamte Menschheit.

Es ist immer so, dass der Gottesliebe die größte Überwindermacht innewohnt. Sie allein kann und wird Friede Freude und Seligkeiten über alles Verstehen bringen. Das erleben die neuen Ankömmlinge in diesem Reich der Macht, der sechsten Stufe. Alles was sie sehen und erleben ist so erhaben, so unaussprechlich schön und herrlich, da ihnen die unteren Himmel kein Annäherndes bieten konnten.

Das Land ist in seinen Gliederungen und in seiner Anlage schon nahe am Throne des Herrn und ihm so verwandt. Was nutzt es, wenn ich von Diamantengebirgen und -Palästen erzähle, was verstehst du unter den Bildern von Perlenfenstern, und Lichtsymphonien. Das geht über das irdische Denken, Sinnieren und Phantasieren hinaus. Sie sind nur armselige Behelfsworte ohne das wahre Leben dieser Stufe wirklich ausdrücken zu können. Verwandt sind die Paläste an Klarheit und himmlischer Schönheit denen der siebenten Stufe und ihr Inneres offenbart das Innere ihrer

Bewohner. Auch hier wohnt man in Gemeinschafts-
siedlungen. Doch nicht so, dass sie auf Grund ihrer inneren oder irdischen Verwandtschaft in Wohnungen
beisammen sind. Nein, es sind ja alles Gleichgesinnte,
deren Lebensentwicklung sie erst hier zusammenführte. Doch in welcher himmlischen Mannigfaltigkeit.
Sehr groß sind die Gesellschaften hier nicht, aber innerlich umso lebendiger und machtvoller; nach außen
hin stiller und in sich gekehrter. Das ganze Streben ist
darauf eingestellt, die Grundsätze der göttlichen Liebemacht praktisch anzuwenden. Man geht hier den
verborgenen Wegen und Kräften der Liebe Gottes
nach, die alle Menschenherzen zu erreichen sucht. Auf
diesem Wege erst erkennen sie so eigentlich die Weisheit dieser Gottesliebe, die ganz andere Wege geht, als
geschöpfliche Geister es erahnen oder wie es die irdischen Machthaber in ihrer Eigenliebe erzwingen wollen.

Haben die Bürger dieser sechsten Stufe in den unteren Stufen gelernt im Gehorsam gegen die Gebote
der Gottesliebe und Weisheit stets „Ja" zu sagen, so
lernen sie hier, das göttliche „Warum", das „Woher"
und das „Wozu" erst recht erkennen und anzuerken-
nen, als alleinige Ordnung zum ewigen Leben in größter Freiheit und Glückseligkeit.

Hier werden ihnen die Quellen aller Lebensgeheim-
nisse eröffnet. Ihre früher durchgemachten Drangsale
und Schwierigkeiten sehen sie jetzt als Ausflüsse dieser göttlichen Liebesmacht, welche sie nur auf diesem
Wege zu dieser Herrlichkeit empor führen konnte. Daraus ergibt sich ein allerinnerstes und doch stärkstes
Lobpreisen dieser Gottesgnade, das sich würdig ein-
fügt in das große ‚Te Deum' der Herrlichkeit am
Throne Gottes. Dort wirst du wissen, dass dein Erdenleben so verlaufen musste und nicht anders. Dein

freier Wille wurde in keiner Weise angetastet dabei, doch bist du stets geführt worden, und Arges, Unangenehmes musste dir als Dünger dienen zur Selbstdemütigung, zur Selbsterkenntnis und zum Herzenszerbruch. Letztendlich zur völligen und immer völligeren Umkehr zur Liebesordnung deines Herrn, Heilandes und Vaters im Himmel. Du musstest gerade dort hindurch. In den Hochschulen ewiger Weisheit, die auch hier vorhanden sind, um die Vollendeten weiterzuführen, lernen sie die Grundsätze der göttlichen Liebemacht in Gottes Wegen tiefst begreifen. Dort sind auch die Lichtarchive, in denen die Wege dieser Gottesliebe auf Erden geschildert sind für jedes einzelne Himmelskind. Hier liegen auch die Pläne der zukünftigen Machtoffenbarungen des Herrn, in denen jeder unterwiesen wird um tüchtig zu werden für seine Aufgabengebiete in der Ewigkeit. Das unendliche Reich unseres Herrn braucht Könige und Priester, die theoretisch und praktisch wohl unterrichtet und bewandert sind in der Macht, Größe und Weisheit ihres Herrn.

Wenn ihr die Grausamkeit Satans und dessen Helfern ersehen könntet, dann würdet ihr entsetzt sein von dessen Plänen. Erdenmenschen würden ihr Leben verlieren, wenn sie in dessen Herzensabgrund schauen könnten. Aber die Bewohner der sechsten Stufe wissen, dass Satan schon den Kampf verloren hat, und dass der Herr gerade sie teilhaben lässt an Seinem Siege über Satan und alle trotzig widerstrebenden Geisterscharen. Ihnen ist der Sieg des Herrn ein wunderbarer Beweis der völligen Bezwingung des Feindes und seiner höllischen Macht.

Viel Freude macht es diesen Königsseelen eingeführt zu werden in die göttliche Erlösungsstrategie. Sie lernen erkennen, dass der Herr dem Satan immer wieder Raum gibt entweder umzukehren von seinem

Widerstreben, oder im Gegenteile, um ihm umso gründlicher alle seine ihm einst gegebene Macht zu nehmen. Nun erkennen sie, dass des Satans Scharen, wie mächtig sie einst auch waren und noch sind in ihrem Rest von Macht, nicht mehr imstande sind, den Heerscharen der Liebe Gottes zu widerstehen. In überlegener Stärke werden die Schlachten von den Heeren des Herrn siegreich beendet. Auch da, wo Satan immer noch zu siegen hofft und das zeitweilige Überwinden von Erdenpilgern die Horden der Hölle aufjauchzen lässt. Die dann einsetzenden Trübsalszeiten der Überwundenen und Lauen, in denen sie das Ziehen der Gottesgnade nicht mehr spüren, wird auch sie in tiefster Reue und Scham zurückfinden lassen zur Ewigen Liebe.

Auf Erden wird manchmal die Frage aufgeworfen: „Warum hat Gott die Menschen erschaffen, da Er doch wusste, dass so viele von ihnen ein Opfer Satans würden? In dieser Stufe gibt es dafür eine ebenso restlose Erklärung wie für die Frage: „Warum hat Gott den Satan erschaffen und warum hat Er ihn noch nicht einfach ausgeschaltet durch seine Macht? Der Zweck dieser Schrift ist dazu da, um Menschen, die den Herrn Selbst suchen, die geistige Welt erstrebenswert zu schildern. Aus diesem Grunde daher hier nichts Weiteres über das große Heer der Gefallenen und deren Treiben.

Ja, der Herr hätte wohl alle Macht, Seine Widersacher sofort zu vernichten, aber der Herr zwingt den Satan, mit der ihm weise noch belassenen Macht auch gegen seinen Willen mitzuarbeiten, an der Durchführung der Ewigkeitspläne. Nämlich durch die Anfechtungen bewährte und erstarkte Kinder zu erhalten, die alles erlebt haben, gleich wie der Herr es im Gleichnis vom verlorenen Sohn sagt, der heimgekehrt, völlig kuriert war von allen seinen Untugenden, Wünschen und Eitelkeiten. Der in allem erfahren, ein nun gehorsamstes Kind des Vaters wurde, das bewusst das Glück bei seinem Vater sein zu dürfen noch mehr empfand, als sein stets daheim gebliebener Bruder. Daher wird die Seligkeit der Heimgekehrten maßlos größer sein, als das der stets im Himmel ungefallenen höchsten Geistwesen.

Was mit Satan und den ihm weiter Gefolgsamen einst geschehen wird, darüber geben die Bibel einen kleinen und die neuen Offenbarungen einen größeren Ausblick. Aber nur der himmlische Vater weiß, was dereinst mit den Verdammten nach der Wiederbringung aller Dinge geschehen wird. Solches weiß auch kein Engel, selbst der höchste fürs Licht erschaffene Geist nicht. Nur die Gottheit des ewigen Vaters in Ihrer Heiligkeit sieht vorher die Schicksale aller Kreatur durch alle Ewigkeiten der Ewigkeiten, jeder nach dem heiligen Willen Gottes in dieser übergeheimnisvollen Sache. Erst in künftigen Zeiten werden von Gott Erleuchtete auch hierüber Aufschluss erhalten.

Der Blick in diesen ewigen Ratschluss Gottes, des Vaters, weitet sich, wenn auch nicht vollkommen, so doch sehr den Bewohnern der sechsten Stufe. Und je mehr sie dieses erkennen, umso mehr verherrlichen sie durch ihr Tun danach den göttlichen Meister und Herrn. Doch streben sie von Herzen tiefere Einsicht in die Pläne des Herrn zu erhalten, um stärker teilzunehmen am großen Erlösungswerke Gottes.

Bis zur fünften Stufe waren sie mehr mit sich selbst beschäftigt. Sie waren in der großen Umgestaltung in das Ebenbild Christi begriffen. Jetzt hat für sie eine neue Ewigkeitsoffenbarung begonnen. Sie treten ein in eine neue dienende Stellung, als Boten und Engel Gottes. Unter der Führung ihrer königlichen Lehrer erlangen sie ihre Standeszeichen und besonderen Berufungen. Gewiss, sie hatten schon vordem Auszeichnungen ihrer Würde und Herrlichkeit, aber diese stehen in keinem Verhältnis zu den jetzigen.

Nun gibt ihr Dienst mit den Vollendeten ihnen noch mehr Vollmacht und größere Verantwortung. Sie arbeiten in allen Zweigen der göttlichen Haushaltung und in allen Gebieten der Herrlichkeit. Ihr Dienst kommt zunächst der Heimat zugute. Sie stehen in der Arbeit ihres Meisters für die unteren Stufen, im dortigen Lehren und der Priestertätigkeit Wo sie erscheinen, da tragen sie die Kraft ihrer Heimat mit sich in aller Vollmacht. Aufgeprägt ist ihnen die Wesensart ihres Heilandes und Meisters. Daher dienen sie auch auf der Erde an Seinen Gläubigen, gleich wie Er auf Erden diente.

Wer das Vorrecht hat, einen dieser Herrlichen zu seinem führenden Lehrer zu haben, der ist hoch begnadet, denn gewöhnlich steht dieser im Auftrage eines himmlischen Fürsten aus der siebenten Stufe, der unmittelbar dem Herrn untersteht. Ihr Dienst kommt denen auf Erden zugute, die sich im großen Ernst ausstrecken nach dem höchsten Ziele: Völlige Eins- und Gleichgestaltung in das Wesen und die Liebe Jesu.

Der Herr sendet Seine herrlichen Fürsten in der Liebe Jesu nur dorthin, wo Menschen dieses höchste Ziel suchen und daher den schmalen Pfad oft einsam, verkannt und verketzert pilgern.

Neben dem priesterlich-königlichen Dienst der Heranbildung von Menschenseelen steht noch eine andere: Die königlich-priesterliche Tätigkeit. Der Herr geht nicht an der verschiedenen Grundstruktur Seiner Geschöpfe vorüber. Er beachtet und wertet sie genauestens nach der ewigen Weisheit. Sonst ist es ja so, dass die Tätigkeit eines Menschen meist eine gewisse Einseitigkeit aufweist, die gebunden ist durch Begabung und Erziehung, vor allem durch zeitliche und materielle Umstände. Dort im Lichte fällt dies fort und es ist wesentlich anders. Der Herr gibt Seinen Dienern ein Höchstmaß der Vollkommenheit, in der sich alle Fähigkeiten voll entwickeln, ausbilden und auswirken können. Jeder ist wohlausgebildet in beiden Disziplinen - des königlichen und des priesterlichen Dienstes - und sehr wohl imstande, ganz selbständig darin vollendet zu arbeiten. Aber wie der Herr es auf Erden schon getan hat, so stellt Er auch jetzt meist zwei Seiner Begnadeten an die Aufgabe, damit sie einander in ihrer verschiedenen Seelenspezifität harmonisch ergänzen können.

Dieser himmlische Gemeinschaftsdienst zeitigt wunderbare Früchte. Das wäre auch auf Erden gleich so, wenn mehr gegenseitige Höherachtung der Sonderart des anderen, als einer von Gottes Liebeweisheit gegebenen Verschiedenartigkeit, vorhanden wäre. Dann käme wahres fortschrittliches Leben zutage, wobei alle Gottesgaben zur Entfaltung kommen würden. Ein möglichst vollkommenes Gemeindeleben würde entstehen, wie es in der urchristlichen Zeit vorhanden gewesen ist. Aber die Herrschsucht, die Rechthaberei und der Neid als Kinder der Eigenliebe, setzen alles daran, beginnende Ansätze für solch eine gegenseitige Unterstützung zu verhindern. Das hat zur Folge, dass die Gemeinde mit seelischen Ersatzmitteln abgefüttert wird und Erstarrung in allen reingeistigen Gebieten eintreten muss.

Aus solch himmlisch gearteten Ministerien sollten die irdischen Gemeinden geleitet und beherrscht werden. Aber solches ist heute in den seltensten Fällen zu finden. Es besteht ein himmelweiter Unterschied zwischen Gotteswort und Menschenwort. Das Gotteswort ist lebendig durch und durch. Es schafft dem Hörer unmittelbares Leben und enthält auch die Kraft danach zu tun, während das beste Menschenwort ein geschöpfliches Wort ist, das nicht Leben hat und schafft. Es ist vergänglich, genau wie die Zunge, welche vielleicht wahrste, edelste Worte sprach. Der Hörer des menschlichen Wortes hat in diesem Worte nicht auch die Kraft erhalten, danach zu tun.

Die wohlgeprüften Geistesgaben der Zungen und der Weissagung sind für den Zungenbegabten unmittelbares Gotteswort, ebenso wie dem Weissagenden sein inneres Gotteswort. Daher ist als Kennzeichen echter Zungen und ihrer Auslegung sowie des Weissagens: „Die Ausgestaltung des Wesens Christi in ihren Gabenträgern." Fehlt dieses Kennzeichen, dann liegt eine seelische oder gar satanische Nachahmung vor.

Die himmlischen Könige und Priester werden zum Dienste der Beratung vom Herrn zuweilen auch zu den Regierungen der Erde gesandt Der Präsident der Vereinigten Staaten von Nordamerika - Washington-, hat einige Male sichtbar solchen beratenden Besuch aus den Himmeln am Tage erhalten. Zumeist stehen die Erdregierungen unter der Beratung von höllischen Fürsten. Wenn Jesus als König der Unendlichkeit Seinen Regierungssitz auf diese Erde verlegen wird, und die Reiche der Himmel von hier aus gelenkt werden, dann wird auch der Himmel wieder zu seinem Rechte kommen. Alles wird sich entwickeln nach der Ordnung göttlicher Liebe.

Wunderbar ist der Verkehr zwischen der sechsten und siebenten Stufe. Die Herrlichkeit des Thrones leuchtet herein, auch wenn sie selbst bis dorthin noch nicht zu kommen vermögen. Aber sie sollen dafür fähig gemacht werden. Die Einwohner der sechsten Stufe haben in der siebenten ihre Freunde, darunter den

84

Herrn und Lebensmeister Jesus, der sie jetzt auszeichnet mit besonderer Gnade. Ihr Sehnen zieht sie immer stärker hin zur Wohnstätte des Herrn, der oft zu ihnen kommt und sich mit ihnen bespricht. Dabei erkennen sie am besten, dass sie noch nicht vollendet sind, um in Seiner steten Gegenwart sichtbar leben und wirken zu können. Sie tragen wohl erkennbar Seine Wesenszüge, aber es fehlt ihnen noch viel von Seiner Klarheit, die man erst in der siebenten Stufe überkommt. Sie sehen am Herrn und den Seinen, dass ihnen selbst noch der Namenszug der Göttlichkeit des Neuen Jerusalems und der neue Name abgehen. Die volle Göttlichkeitskraft könnten sie in der sechsten Stufe noch nicht ertragen. Deshalb sind diese werdenden Fürsten noch stark mit sich selbst beschäftigt. Ihr Dienst ist nicht nur Dienst an anderen, sondern auch an der eigenen Seele. Es muss das letzte Eigene hinweggetan werden, bis sie fleckenrein und schattenlos ganz von Gott erfüllt dastehen. Erst wenn sie zu jeder Selbstgefälligkeit unfähig geworden sind, dann ist die Neugestaltung ihrer Gedanken vollendet. Ihre Triebe und Wünsche sind erstorben, und sie sind dann zu Trägern des Willens und Wollens des Herrn geworden. Daher sind auch in der sechsten Stufe in dieser Hinsicht noch Unterschiede vorhanden. Bis die Seele dahin kommt, können oft lange, lange Zeitabschnitte vergehen in dem Aufsteigen zu der Grenzsphäre zur siebenten Stufe. Hier an der Grenze wird der Zug des himmlischen Jerusalems immer stärker, den die Seelen als Machtvollkommenheit aufnehmen. Die Erhabenheiten der Majestät Jesu verkörpern sich zunehmend in ihnen.

Dementsprechend sind auch die Kleider und Würdenauszeichnungen. Wegen ihrer himmlisch-geistigen Beschaffenheit ist es unmöglich, viel davon zu sagen.

Ihr könntet es ja doch nicht fassen, sondern eher missverstehen. In solche Klarheit kann kein Erdenmensch schauen. Aber wie werden sich die Dortigen freuen, wenn du, lieber Leser, dort eingeführt wirst und dir all die Herrlichkeiten gezeigt werden. Ein Gang durch die Gärten und Paläste, ein Ausflug nach jenen Lichtgebirgen lösen dann unaussprechliche Wonneschauer aus. Der Erdenmenschen Phantasie versagt hier völlig. Nur irdisch verzerrt lässt sich dieses alles erahnen. Nicht umsonst hat Paulus gesagt: „Was in keines Menschen Sinn gekommen ist und in keines Menschen Herz, das hat Gott bereitet denen, die Ihn lieben." (Jes. 64,3) Oh, was beraten sich die Menschen mit ihrem kalten Verstande. Darum verstehen sie auch nimmer, was lieben, göttlich lieben ist.

Die strahlenden Leuchtfarben der Blumen besingen den Schöpfer und ihr Duft atmet Herrlichkeitsliebe Gottes aus. Eure Sprachen, wie tot und unfähig sind sie, um all dieses himmlisch Hohe zu beschreiben!

Weder den dortigen leuchtenden Diamant in seinen himmlischen Strahlenbrechungen, noch die Düfte, noch die Klänge des Äthers dort. Noch die Jubel- und Preisgesänge der Himmlischen in ihrer zeitlosen, Ichgelösten Harmonie verklärter Kehlen aus vollem, reinem Herzen der Gottesliebe. Das Aufleuchten der Angesichter ist trotzdem nur ein matter Widerschein des sanftfreundlichsten Angesichtes des Herrn Jesus Selbst. Das ist das lebendige Wesen echter und voller Liebe?

Alles ist wonnevollst! Wenn du das „Halleluja" hören könntest, abwechselnd mit den Tonschöpfungen vieler eurer großen Komponisten, du würdest in Wonne zerfließen. Ihr seid noch viel zu schwach und zu unrein, um die Früchte der Liebe Jesu annähernd auch nur zu erahnen. Eilet dorthin zu gelangen durch die Abkehr von allem, was nicht diese Heimat zum Ziele hat. Gehet aus allen Gebundenheiten eurer fleischlichen Gesinnung heraus. Achtet auf die feine Stimme des Herrn in eurem Inneren. Suchet die Stille und die größte Einfachheit, damit ihr Zeit, Kraft und Ruhe in Ihm erhaltet alles gründlich zu überlegen und zu tun, was den Christusgeist in Seiner Liebeweisheit fördert. Gehe, ringe, kämpfe auf dem Wege, wie ihn Jesus dir vorangegangen ist, den Weg der Selbstlosigkeit, der Selbstverleugnung, der Feindesliebe in steter Kreuzesgesinnung, Und dies alles warum? Nicht aus Selbstgerechtigkeit, sondern in echter Würdigung und Dankbarkeit zu Jesus als Erlöser, der von der unbestechlichen heiligen Gerechtigkeit der Gottheit dich losgekauft hat durch Sein Blut am Kreuzesstamme von Golgatha. So gehörst du rechtmäßig nicht mehr dir selbst, sondern bist Sein Eigentum.

Und alles was Jesus besitzt, das möchte er allen Seinen Erkauften schenken. Er freut sich in der Wonne Seiner Erlösten. Trage auch du dazu bei, dass Seine Freude voll werde durch die Vollzahl Seiner erlösten Schar!

Fange an deinen Wandel nach dem Wandel der Himmlischen umzuformen und überlasse die Erde und ihre zeitlichen Freuden denen, die nichts anderes kennen und haben wollen. Neide ihnen nicht die gespendete Gunst und Achtung ihrer Mitmenschen. Du mache dem Herrn Freude und deinen dir im Himmel Vorangegangenen! Du aber sollst und wirst an das Ziel kommen, wenn du alles daran setzt, heimzukommen in das ewige heilige Vaterhaus, wo nichts Gefallenes, Unreines, Beflecktes sein kann. Viele laue Fromme wissen nichts davon, sie wiegen sich in falscher Selbstgefälligkeit und falscher Heilsgewissheit. Du aber weißt es nun. Daher suche dir nicht einzubilden, du seist schon erlöst und errettet, sondern suche mit ganzem Ernst das Zeugnis Jesu unmittelbar von IHM zu erlangen, wie es in der Offenbarung Johannes 19,10 kurz beschrieben ist. Gebe acht, dass du auf dem rechten schmalen Wege bist, um das heilige Ziel nicht zu verfehlen und zu verscherzen durch seelische Tändeleien der irregeleiteten Masse. Doch nun zurück zur sechsten Stufe.

Die Seligen dieser Gefilde steigen mit heiliger Entschlossenheit den alles Frühere hinter sich lassenden Sphären der Stadt Gottes entgegen. Von hier aus haben sie schon einen Fernblick nach der Stätte, wo Gott wohnt. In diesen Höhen fühlen sie sich unaussprechlich wonnewohl und gekräftigt zu letzten Anstrengungen. War dort ihr Herz auch schon lange, bevor sie hier waren, so stehen sie jetzt vor der Erfüllung ihrer maßlos gewachsenen Sehnsucht, einzugehen in die Wohnungen der Herrlichkeit Gottes. Sie lassen sich zurüsten für den Augenblick ihrer Heimkehr zum Vater Selber. Sie durchforschen wie nie zuvor, lange und zutiefst nochmals ihr Herz mit einer gründlichen Aufmerksamkeit. Gilt es doch, dem lebendigen Ursprung ihres Lebens gegenüberzutreten in einem Lichte der unverhüllten Liebeherrlichkeit. Nichts, gar nichts dulden sie in ihren Herzen, was ihrem Vater missfallen oder Ihn hindern könnte, sie an Sein überheiliges Herz zu drücken. Eine lange Zeit ernstester und gründlichster Selbstbeschauung! Soweit dies Wort noch gelten kann: Eine allerletzte Durch-und-durch-Buße.

Und jetzt stehen sie vor den Toren jener Stadt, dessen Baumeister Gott Selbst ist, die aus (nur unvollkommenst ausgedrückt) „Perlen" gebildet sind. Diese haben die Wunderkraft alles zu scheiden, was nicht eingehen kann in die Heilige Stadt. Wer versuchen wollte als Unvollendeter, Befleckter einzudringen, ohne die entsprechende Vergöttlichung seines Charakters in das Wesen Jesu Christi, der würde weit zurückgeworfen werden in tiefere, untere Himmelsstufen. Doch vor den Toren der Stadt kann man es nicht aushalten, ohne die heiße und immer heißere Sehnsucht im Herzen, den gleichen inneren Glanz des Herzens zu gewinnen, wie diese Stadt und ihre Einwohner ihn haben.

Es gibt auf jenen letzten Höhen der sechsten Stufe Tempel heiliger Anbetung, in denen der Herr oft erscheint und Selbst die letzten Belehrungen gibt. Wo Er liebevollst unterweist in den letzten Geheimnissen der nun eintretenden Gnade in der Stadt Jerusalem im Licht. Dabei, im Alleinsein mit IHM, werden sie nun völlig eins mit Ihm, sowie Er eins ist mit dem Vater, Seinem Vater.

Bei dieser Vereinigung der Seelen mit Jesus geschehen die Wunder des restlichen Austausches Seiner Gotteskräfte, wodurch sie stark werden, Seine unverhüllte Gottesliebe zu ertragen und als Träger derselben aufzunehmen. So werden sie völlig zubereitet für den herrlichen Zustand als Erbe der ewigen Lebensfreude und Seligkeit. Da es schon ein Fest ist, wenn die Bewohner der fünften Stufe in die sechste vorrücken, so ist das Fest der Einführung in die Stadt Gottes ganz ohne Beispiel. Alle, die an dieser Einführung teilhaben, bereiten sich darauf vor. Und wenn es soweit ist, dann erscheint der Zug der Priester und Könige in ihren Festgewändern, im himmlischen Schmuck, um der Seele entgegenzugehen, die im Kreise Ihrer besonderen Freunde erscheint.

Unbeschreiblich ist der Jubel, der dem Lamme dargebracht wird. Lobgesänge erfüllen den himmlischen Äther. Alles dankt dem ewigen Herrn, was Er so unbeschreiblich Großes und Gutes getan hat und immer tun wird. Aber der Augenblick der Krönung des neu

Hinzugekommenen übersteigt doch alles, was Mensch und Menschenseelen empfinden können. Wenn die neue Seele sich in höchster demütiger Liebesanbetung vor dem Throne niederwirft, um von ganzem Herzen dem Herrn zu huldigen und Seine Krone und den neuen Namen zu erhalten, dann ist die Glückseligkeit bei allen dabei Anwesenden aufs Höchste gestiegen.

Die Krone des Lebens zu empfangen bedeutet ja nicht nur die Krone als Auszeichnung königlicher Würde zu erhalten, sondern an die Quelle alles Lebens, zu Gott Selbst gekommen zu sein. Die Krone ist ein sichtbarer Ausdruck all ihrer Siege in Selbstverleugnung, um Jesu willen erlittener Demütigungen. Und aller ihrer Leiden auf dem schmalen Pfade in Seiner getreuen Nachfolge und auch aller Treue in Seinem Dienste.

Sehr verschieden ist dort auch die Herrlichkeit! Ahnst du nicht deine Herrlichkeit, die auf dich wartet wenn du Ihm getreu gewesen bist, der dich so teuer und bitter erkauft hat durch Sein stellvertretendes Sühnen, an deiner statt! Er will dich dazu bereiten!

Die siebte Stufe:
Das Land der Herrlichkeit

Wenn die Sehnsucht der Seele gestillt ist, soweit sie nun ewig beim über alles geliebten Herrn sein darf, dann wird sie hinübergeleitet von den Saphirgebirgen des Thrones Gottes in das Land der Herrlichkeit, wobei eine noch herrlichere Veränderung mit ihr vorgeht, als beim Übergang von der fünften zur sechsten Stufe. Unbeschreiblich ist die Lichtfülle auf dem Wege zur himmlischen Stadt! Es wäre niemandem möglich, in diese Herrlichkeit vorzudringen, in dessen Leben nicht das Letzte und Kleinste verklärt und verwandelt worden wäre in das Bild Christi. Es erscheint kaum fasslich, dass ihre Gewänder noch strahlender werden und ihre Auszeichnungen noch herrlicher erglänzen. Die Angesichter dieser Gottesfürsten sind so umgestaltet, dass auf ihnen etwas von der Majestät Gottes an Liebe, Weisheit und Macht widerstrahlt. Sonst könnten sie die Majestät der Gottheit überhaupt nicht ertragen.

Gewaltig sind die Sphären in dieser siebten Stufe. Hier sind die Königreiche beieinander von einem Ausmaße an Vollkommenheiten, wie sie die übrige Welt ganz und gar entbehrt. Die Paläste, welche den Neuankömmlingen entgegenleuchten, haben nichts mehr von dem schwerfälligen Charakter des Kristalls. In diesen Sphären leuchtet der Jaspis als strahlender Lichtdiamant in seinen verschiedensten Farben. Es ist unbegreiflich und unmöglich, davon einen nur annähernd starken Eindruck mit Menschenworten zu vermitteln, wie das tatsächlich der Fall ist. Denn solche nun rein geistige Substanz hat eine solche Klarheit und Reinheit, eine solche Schönheit und Erhabenheit, wie sie für die Materie und für aus der Materie kommenden Seelen unmöglich zu erahnen ist. Du aber jage diesem hehren Ziele nach, das dir in dieser Stufe jetzt noch verborgen bereitet ist und dich erwartet!

Wie vergöttlicht die Bewohner hier geworden sind, so auch ihre Häuser. Sie sind gänzlich verklärt in göttlich erhabenste Schönheiten und Mannigfaltigkeiten. Du weißt von der sechsten Stufe her, dass sie dort im Lande der Macht eingeführt wurden in ihren eigentlichen Dienst. Nun aber strahlt auf ihren Angesichtern der „Name des Vaters und des Sohnes und des Heiligen Geistes". Das ist für euch auf Erden noch ein größtes Geheimnis und kann von niemand auf Erden begriffen werden bei deutlichster Schilderung. Es ist das Wunderbarste, vergleichbar mit einer, den Träger, beim Tragen verwandelnden dreifachen Krone. Köstlich ist es zu beobachten, wie verschiedenartig die Namen sind, die hier an ihren Stirnen erscheinen. Je nach der Führung und der himmlischen Berufung leuchtet dort ein besonderer Name auf ihren Stirnen, der die Bewohner der siebenten Stufe in ganz klare Klassen scheidet, die jedoch untereinander aufs innigste verbunden sind. Sie alle zusammen, stellen miteinander die Herrlichkeit des göttlichen Namens dar.

Erinnere dich an die Verschiedenheit der Einzelteile deines Organismus und der Menschenseelen leibliche Außenformen. Wie mancher ähnelt einem andern äußerlich und ist doch innerlich im Charakter und im Wesen, so wie in den Fähigkeiten oft sehr verschieden. Ebenso ist es auch hier in der siebten Stufe. Diese einzelnen Klassen, wenn sie hier auch nicht so genannt werden, stellen als Organismus die Herrlichkeit Gottes dar, als das Aufnahmegefäß Seiner Liebe. In gleicher Weise wie ein rechtes Weib das Aufnahmegefäß der Liebe des Mannes ist.

Auch in der siebten Stufe hat die Weiterentwicklung nicht aufgehört und sie wird als solche niemals aufhören. Der Grund zur endlosen Herrlichkeit liegt in der Wiedergeburt, wie ihr es nennt. Richtiger heißt es jedoch: „Wiedererzeugung oder Umzeugung" des einst Gefallenen in die Urherrlichkeit. Dementsprechend sind auch dann die verschiedenen Lebensführungen. Wie ein Händel, Bach oder Mozart nichts anderes werden konnten als Musiker und talentvolle Komponisten, so ist es auch im Reingeistigen. Wie ein Jesajas, Hesekiel, Daniel, ein Johannes der Täufer nichts anderes werden konnten, gemäß ihrem inneren Gottesgeist, als Propheten, so ist es auch hier.

Deshalb ist es äußerst wichtig, dass der Mensch sein ihm von Gott angepasstes Aufgabengebiet erfährt. Dann weiß er auch sein Ziel und geht den entsprechenden Weg, der zu diesem Ziele führt und verliert es nie aus den Augen. Wer dieses besondere Ziel kennt, der schreitet viel leichter und schneller durch die unteren Stufen, als wenn er sich mit allem anderen abgibt in einem vermeintlichem Eifer für Gott, das nicht zu Seinem Aufgabengebiet in der Ewigkeit gehört.

Die Gesellschaften, die sich hier oben im Lichte bilden, werden in allen Dingen immer göttlich-königlicher. Das gleiche gilt auch von den Priestern, die alle gleichen Rang und gleiche Herrlichkeit haben, wenn sie auch verschiedenen Dienst tun am Thron oder im Tempel, denn diese beiden sind das gleiche. Der Tempel als Zusammenfassung der großen, vollen Erlösung und der Thron als Darstellung göttlich-königlicher Majestät und Vollmacht.

Die Gesellschaften sind weniger zahlreich. als in der sechsten Stufe oder gar in der fünften, aber ihre Majestät und Gotteskraft übersteigt die übrigen Stufen bei weitem. Bis zur sechsten Stufe unterstanden sie alle noch der Führung eines Fürsten aus der siebten Stufe. jetzt, nachdem sie eingereiht wurden in die Schar der Träger des neuen Namens, haben sie selbst diese Würde und stehen unter der direkten Leitung des Königs aller Könige, ihres höchstgeliebten Herrn; der Selbst einen neuen Namen hat, den auf Erden niemand kennt (siehe Offb. 19,12).

Doch gibt es unter diesen Himmelskönigen noch Rangunterschiede, im „Alten Testament" vorgeschattet. 24 Priesterordnungen waren dort unter einem besonderen Hohenpriester. So ist es auch hier der Fall. Darum „die 24 Ältesten um den Thron" (Offb. 4,1-5). Der Himmel weiß nichts von sogenannter Demokratie.

Dort ist die ausgebildete Theokratie d.h. Gottesherrschaft, was sich vollendet in der siebten Stufe darstellt. Du musst warten, bis du dieses Geheimnis Gottes recht verstehst (1. Kor. 4,1; Offb. 10,7+11,15).

Soviel ist gewiss, dass diese Könige und Priester einander ähnlich sind, auch in ihren Klassen und den Führern dieser Klassen. Du hast gelesen von dem Zwölferkreise der Erstgeborenen. Das ist ein Stück dieser Herrschaft im Himmel und nur ein ganz geringster Bruchteil jener Gottesordnung droben, die sich erst ganz offenbart, wenn die „Vollzahl aus den Nationen wird eingegangen sein in diese Herrlichkeit".

Denn jene Ordnungen haben ihre eigentlichen Aufgaben in der Ewigkeit, wenn die uranfängliche Herrlichkeit aller Dinge wird wiederhergestellt sein. Wenn nun eine neue Seele aus der sechsten Stufe in die siebte hinübergeführt wird, dann wird sie innerhalb ihrer Ordnung geführt, begrüßt und willkommen geheißen. Die Einführung in diese Herrlichkeit geschieht nicht so oft, wie es in den unteren Stufen der Fall ist. Denn mit jeder Stufe werden es weniger, die sich über die maßlos hohen Grenzen hinüberschwingen können durch die erforderliche „Absage oder Aufgabe von allem, was sie Eigenwilliges und Selbstwilliges in sich haben".

Die hier eingeführt werden sind Geister, in deren Leben schon auf Erden Jesus Christus alles in allem war. Auf Erden schon kann man feststellen, ob jemand nach dieser siebten Stufe sich ausstreckt. Er trägt etwas an sich von der letzten Sehnsucht, die eben durch nichts befriedigt werden kann, als in und durch Jesus Selbst.

Groß sind der Jubel und die Freude über jeden Einzelnen, der in diese Herrlichkeit eintritt. Wahrhaft königlich ist die Begrüßung, denn alle Begrüßenden tragen königlichen Adel an sich, der sich in ihrem ganzen Wesen in Wort und Gebärde ausdrückt. Hier lernt die Seele, die verborgensten Quellen der Geheimnisse Gottes erforschen und erkennen. Und mit bräutlichem I.iebesdank fällt sie ihrem über alles Geliebten zu Füßen, der sie erlöste vom zweiten Tode und nun Selbst willkommen heißt in Seiner Herrlichkeit. Der ganze Thronhimmel nimmt an solcher Einführung teil.

Ich muss hier früher Gesagtes wiederholen: Die Seelen nähern sich den Perlentoren der heiligen Stadt; schaue sie dir in heller Phantasie an. Der Name „Perlentor" ist ja nur ein schwaches Gleichnis, denn es geht auch eine geheimnisvolle Macht von ihnen aus. Eine abweisende Macht allem Unreinen gegenüber.

Ich sprach schon darüber, dass beim Übergang in diese Stufe eine wunderbare Umwandlung im Leben und in der Kleidung der neuen Fürsten sichtbar wird. Oh, wie oft schauen die Bewohner der sechsten Stufe brennend und verlangend nach diesem höheren Lichte aus, und sie kommen leuchtender und sehnsuchtsvoller zu ihren Sphären der sechsten Stufe zurück. So kämpft die Sehnsucht nach Höherem mit der Selbstliebe des Geschöpfes!

Auf den Perlentoren stehen als lebendige Krönung Engel Gottes, die mit ihren silberhellen Posaunen die Feste der himmlischen Stadt allen Himmeln kundtun. Wenn diese ertönen, dann dringt dieser Ton bis in die untersten Stufen hernieder. Es bedeutet jedes Mal eine Aufmunterung, den Weg zur heiligen Stadt Gottes zu suchen und dann getreulich zu gehen. Diese heiligen Posaunentöne geben die Akkorde zum „Loblied des Lammes" an, ein oft gesungener Festgesang der Erlösten. Ja, bis in irdische Sphären hinein dringt der Ton, vernehmbar all denen, die in Jesus allein vollstes Genüge haben. Er lässt sie erwachen aus der zeitlich, weltlichen Betäubung. Gleichzeitig kündet dieser Ton den Engeln, die in irdischem Dienste stehen, den Beginn himmlischer Freudenfeste an.

In solchen Zeiten geschieht auch oft eine Änderung in der Führung und zwar so, dass bis zum nächsten Feste einer aus den himmlischen Stufen herabsteigt und einen dortigen Führer ablöst, um ihm die Teilnahme am himmlischen Feste zu ermöglichen.

So wirkt die himmlische Stadt, der Thron Gottes schon mit an jedem Gläubigen, ja bis hinein in eure Völker und ihre Regierungen. Und selbst die höllischen Fürsten müssen warten, bis der Thron es ihnen zulässt, ihre dunklen Pläne an den Gottlosen zu deren Züchtigung auszuführen. Bedenket, dass am Throne alles beobachtet wird, und dass es deshalb für jeden Himmelspilger nötig ist, gemäß dem Lichte der himmlischen Stadt zu wandeln. Diese Engelsfürsten sind bestimmt zu posaunen. Von ihnen geht der Ruf aus zur heiligen Versammlung und zur Heimkehr der Vollendeten in dieses Reich der Herrlichkeit.

Auf den Grundsteinen der Mauern des Neuen Jerusalems, die aus Jaspis sind, stehen die Namen der zwölf Apostel des Lammes. Es ist euch Menschen in seiner Herrlichkeit wirklich unbeschreiblich. Gott Selbst ist hier der Baumeister. Da könnt ihr euch die unendliche Erhabenheit Seines Baues ahnend vorstellen. Diese Stadt hatte Abraham ersehnt, als er von Ur in Chaldäa auszog, um ihretwillen lebte er in Zelten, d.h. als Fremdling inmitten von Welttümlichen, genauso wie alle Frommen nach ihm, die sich als himmlische Bürger oben im Lichte wussten. Sie alle hatten das Heimweh nach dieser Stufe. Aber keiner, das muss immer wieder betont werden, kann hineinkommen, dessen Seele und

Charakter nicht durchsichtig geworden, außen wie innen und innen wie außen, gleich leuchtend rein und himmlisch wahr.

Die Namen der zwölf Apostel auf den verschiedenen Grundedelsteinen der Mauer, zeigen hier ebenfalls den Plan Gottes mit jeder grundverschiedenen menschlichen Persönlichkeit an, zu einer völligen Einswerdung in himmlischer Verklärung. Jeder Träger dieses Namens ist ein heiliges, vollkommenes und göttliches Original geworden. So sind sie schon durch ihre heilig reine Besonderheit an Art und Wesen, in ganz besonderer Weise Botschafter der unendlichen Herrlichkeit Gottes.

Jede Farbe dieser Edelsteine ist mit ihrem Glanze, als Entsprechung, ein Zeugnis für die verschiedenartige Rettungsarbeit und Verklärkraft des Lammes. Der Herr und Vater macht nicht alle Wesen und alle Erscheinungsformen gleichartig, aber Er vollendet sie alle zur göttlichen, harmonisch einzigartigen Schönheit und Erhabenheit. So strecke du dich danach aus und halte stets stille während der Zurichtung nach Seinem Liebeswillen.

Auf eurer Erde sind die meisten Menschen so kurzsichtig, da sie das eine schöner nennen als das andere, weil sie nur das Außen bewerten und nie die innere Wunderbarkeit der darin wirkenden Gottesliebe. In der heiligen Stadt, wo alles zu der Urform der Schönheit und Herrlichkeit zurückgekehrt ist, von der alles einst ausgegangen ist, wird jeder und jedes offenbar als Schöpfung der ewigen Liebe und Seiner Weisheit.

Könnte ich mit dir einen Rundgang machen durch diese Gotteswunderstadt, wie es Johannes der Apostel einst tun durfte, wie gern möchte ich dich auch hinführen an den Strom des lebendigen Wassers, wo du deine so oft recht müde Seele baden könntest in seinen

Fluten zur Erquickung und vollen Kräftigung. Erinnerst du dich noch an jenen Traum, den du einmal in deiner Kindheit hattest? Du warst abends mit der Sehnsucht nach völliger Reinigung eingeschlafen. Und dann sahst du den Herrn stehen im kristallklaren Strome und erlebtest, wie Er dich eintauchte in diesen Strom, wodurch du völlig verwandelt wurdest innerlich und äußerlich an Seele und Leib. Dein vordem aschgraues Kleid wurde weiß wie neugefallener Schnee und die Gnade Seiner Liebe strahlte dir aus des Herrn Angesicht entgegen. Noch viel wunderbarer wäre es, wenn du für ewig dorthin dich durchgerungen hättest, und du könntest dann in Wirklichkeit von Ihm untergetaucht werden, denn damit wärest du zur Urquelle göttlichen Lebens gelangt.

Auch zu den Bäumen würde ich dich führen mit ihren überaus köstlichen Früchten, die herrlicher noch sind wie jene, die Adam und Eva im Paradiese hatten. In deinen Träumen hast du bisweilen davon kosten dürfen. Waren sie nicht unbeschreiblich? Ach, diese Früchte des ewigen Lebens würden deine Sinne so hell machen und dir solche Kräfte vermitteln, dass du dich dann aufschwingen könntest zu dem Berge Gottes. Also wird es sein, wenn du nach Hause kommst und du dann dieses alles schauend erleben darfst. Das schenkt der Herr allen denen, die überwunden haben!

Die Stadt Gottes mit ihren Palästen ist die Heimat der Braut des Lammes. Das ist die Schar jener Vollendeten, die gewürdigt sind aufgenommen zu werden unter die, welche das Weib des Herrn in der Unendlichkeit an Zeit und Raum darstellen, als Gesamtaufnahmegefäß Seiner Liebeweisheit und Kraft zu einer unendlich, herrlicheren, neuen Schöpfung. Sie sind also der Augapfel der Freude des göttlichen Lammes, ewig vereint für eine Arbeit himmlischer Geistesehe.

Diese Ehe bildet die Spitze der Unendlichkeit. Ach, es ist das Größte und Herrlichste diese Vollendeten zu schauen und persönlich zu erleben in ihrem Wesen und Wirken. Aber das weitaus Größte und Erquickendste ist, wenn man den Herrn Selbst sieht von Angesicht zu Angesicht in Seiner unverhüllten höchsten Klarheit!

In Seine Augen zu schauen bedeutet nicht nur verklärt zu werden in Sein Liebebild, sondern erhoben zu werden an Seine Seite, auf Seine Gottesmacht! Es bedeutet teilhaftig zu werden Seines unendlichen Erbes und berufen zu werden, mit Ihm zu regieren und zu immer herrlicheren Neuschöpfungen mit Ihm zu schreiten, von Ewigkeit in alle Ewigkeiten. Das ist Vollmacht, volle Macht Gottes besitzen und verwalten, um mitzuwirken an den geheimsten und verborgensten Wegen der Pläne Gottes mit den Menschen und allen Geistern. Das bedeutet ein Ausgerüstetwerden mit Gottes Autorität, vor der auch der gefallene Urengel Luzifer-Satana mit seiner Macht ärmlich versagt.

Freilich, wer dort eingeht, der muss bereitet sein nach langer und vielseitig, schwierigster Lehr- und Prüfungszeit, in völliger Liebe und vollendetem Ganzgehorsam, den Willen des Herrn treulichst auszuführen, ohne mit dem eigenen Willen verändernd auch nur im Kleinsten einzugreifen. Er kann nicht mehr im eigenen Namen wandeln und handeln. So eins geworden ist sein eigener Wille mit dem des Herrn, um schon jetzt in die unterste Hölle zu gehen und dort den Willen des Herrn zu tun.

Oh, wenn du ahnen könntest, wie reich die Arbeit und wie erhaben und wie köstlich dein Empfinden beim Werke dann ist, das dort getan wird. Du würdest alles was du hast und noch liebst, nicht nur mit Freuden sofort aufgeben. Nein! Du wärest bereit, auch tausend Leben dem Meister alles Daseienden ganz und für ewig zur Verfügung zu stellen, wenn du nur dabei sein dürftest.

Wie töricht sind doch die Menschen, die den Thron Gottes als eine Stätte der Ruhe betrachten und erwünschen. Gewiss, in der Stadt Gottes gibt es wohl eine Ruhe, eine wahre Ruhe, wie sie auf Erden nicht gefunden wird. Aber am Throne Gottes ist die höchstmögliche Tätigkeit.

Das unaufhörliche Lob und die ununterbrochene Anbetung Gottes bestehen in dem unaufhörlichen und ununterbrochenen Tun Seiner offenbarten Aufträge.

Über den Thron darf ich dir nicht viel sagen. Das was eure Bibel über ihn sagt, muss dir genügen. Aber der Thron Gottes und des Lammes sind die Offenbarer und Künder der letzten Vollendung der Pläne Gottes mit allen Schöpfungen. In alle Ewigkeiten gehen von dort die göttlichen Aufträge aus, die zu immer herrlicherer Vollendung hinführen. Denn das ist die Herrlichkeit Gottes: Selbst unendlich herrlicher zu werden und Seine Kinder dorthin nachzuziehen. Das vorläufige Endziel des Herrn ist, „dass Gott einst alles in allem sei" (1. Kor. 15,28).

Vornehmlich die Bewohner der siebten Stufe sind es, die vom Herrn mitbeauftragt sind, die Pläne des Herrn auszuführen. Hier gehen der Königs- und Priesterdienst Hand in Hand, so wie das jetzt schon im Leben derer ist, die sich auf den Willen und die Liebe des Herrn stützen. Diese wünschen Seine vollendeten Diener zu sein in allen Ewigkeiten. Deshalb ist es nicht verwunderlich, dass die Träger dieser Vollendung als Menschen in die Niedrigkeit eurer Erde gehen, oft in größter Einfachheit und Armut, um als Gottesdiener wohlgeübt zu sein und den Unwissenden in diesem Dienen vorzuleben, dass man sie lieb hat und höher

100

wertet als sich selbst. So wollen sie auch auf der Erde tätigen Anteil haben an der Erlöserarbeit ihres Herrn.

Dem Dienste und der Vollendung entsprechend sind auch die Kronen, die diese Könige des Herrn tragen. Es kann und wird keiner in der ewigen Stadt Gottes die Kronen der Überwinder tragen, der nicht auf Erden bereit war, an der Dornenkrone tiefster Leiden und Demütigungen in Jesu Kreuzesgesinnung mitzutragen. Wer aber das will und tut, der kommt Heim mit dem Zeichen des Herrn. Und von den Wundmalen des Herrn trägt er einen Abglanz. Diese Wundmale des Herrn sind die größten Ehrenzeichen dort in den Himmeln und wer sie bekommen hat, ist damit ausgezeichnet vor vielen Millionen.

So mancher ärmlichste Mensch auf Erden, z.B. die gläubige Ehefrau eines Wüstlings und Trinkers, die still im Aufblick auf den Herrn Jesus ihre Liebepflicht zum armen, satansgebundenen Ehemanne und ihren Kindern tat, unter Hintenansetzung ihres eigenen Wohllebens, diese wird sich überrascht bis in die höchsten Stufen der Himmel hinaufgezogen sehen, durch stetes untergeordnetes Dienen dazu eingestellt.

Denn was vor den Menschen hoch und angesehen ist, das ist vor der Liebeweisheit des Herrn ein Nichts. Wer jedoch verachtet und unansehnlich in geringster Dienstarbeit treulich war und in allen Menschen Gottes Finger sah, dieser ist des Herrn Liebling, den Er nimmer verlieren und missen will bei Sich in der Ewigkeit. Es sind Seine allerliebsten Erdenkreuzträger! Wer etwas von diesem Kreuzesdienst an sich trägt, dieser legt Zeugnis davon ab, dass er seinen Leib und seine Seele auf dem Kampfplatz des Martyriums dem Herrn aus Liebe zu Ihm und allen Menschen aufopfert, mögen sie gut oder schlecht gewesen sein. Diese Wundmale der Schwierigkeiten, Nöte und Verfolgungen im

Erdenleben um des Geistes der Liebe Christi willen, gelten oft mehr als die blutigen Opfertode.

Ach, wenn die Menschen wüssten, wie vieles davon abhängt, sie würden mit großer Freude bereit sein, zu leiden und zurückzustehen um Jesu willen. Sie würden es für höchste Ehre halten, um Seinetwillen von den Menschen verachtet, verfolgt und gepeinigt zu werden. Sie würden sich nicht aufbäumen gegen Spott, Verleumdung und Benachteiligung, wenn sie wüssten, dass in die Stadt Gottes keiner eingehen kann, der nicht Gutes für Böses vergolten hat.

Die Kronen der himmlischen Könige entsprechen auch ihrer Lebenshaltung und ihrem Dienste auf Erden. In ihren Kronen ist ersichtlich, ob sie durch ihr Vorbild viel oder wenig Seelen zum Herrn und Seiner Liebewahrheit geführt haben. An ihnen sieht man, wie vieles sie erlitten haben im Missionsdienste für den Herrn. Auch sieht man an den Kronen, wie vieles sie im Verborgenen entbehrt haben, aufgeopfert für den Herrn um Seinetwillen und auf was sie verzichtet in ihrem Wohlleben, um der ärmeren Nächsten willen. Wie leuchtende Edelsteine zeigen sich an den Kronen und Kleidern diese Liebesdienste auf Erden wieder.

Ja, auch eine sternlose Krone kann leuchten, aber sie preist die tätigste Liebe Jesu nicht entfernt so wie eine, die über und über geschmückt ist mit den Edelgesteinen tätigster Gottes- und Nächstenliebe auf Erden.

So offenbaren die Kronen die Größe und Kraft ihrer Erdenliebe zum Herrn, ihre Selbstverleugnung, Hingabe und Treue. Das alles bildet die Voraussetzung für ihren himmlischen Dienst. Könige und Priester sind alle; die einen stehen mehr im Tempel, die anderen mehr am Throne in geistiger Entsprechung. Doch gleich wichtig ist ihr Seligkeitsdienst. Und keiner trägt das Verlangen, seinen Dienst für einen anderen Vollendeten zu tun. Jeder freut sich unaussprechlich mit dabei zu sein bei dieser Arbeit. Alle Not und jedes Leid, ja, die Sünde selbst muss diesen Königspriestern helfen, die unendlich erhabenen Gedanken ihres Heilandgottes durchzuführen.

Das Leid, das der Mensch um Jesu willen erduldete, es wird dort also der Anlass zu weiterer Herrlichkeit sein. Deshalb liebe, liebe, liebe immer mehr, immer wieder aufs Neue! Werde im Lieben nimmer müde und lau, sondern werbe Seelen für Jesus durch liebendes Vorbild in Treue in Wort und Tat, dann wird deine Krone einst leuchten im Lichte himmlischen Schmuckes.

Höchste Freude für sie alle ist es, einen neuen Himmelsbürger der Herrlichkeit einführen zu dürfen in diese Stadt, um zu sehen, dass der Herr mit jedem zu diesem hohen Ziele kommt, der dieses von Herzen und mit ganzem Ernste will. Von den Wundern der Einführung habe ich schon einiges gesagt. Die Anteilnahme des Thrones dabei ist unvergleichlich. Dort gibt es keine älteren Brüder mehr, die sich aus Neid ärgern an den Ehrungen des heimkehrenden Jüngeren. Nein! Sie alle freuen sich von ganzem Herzen, ehren und feiern ihn mit und preisen dabei den Herrn für Seinen Sieg im Leben des neuen Fürsten. Jeder der früheren Fürsten bringt dem Herrn seinen spezifischen Dank dar und jeder legt eine kleine Gabe nieder im Wohnpalast des neuen Bürgers. Ach, welche Überraschungen erwarten dort den Bürger als Überwinder, wenn er heimkommt und das Werk des Heilandes ist auch an ihm vollbracht!

Allen voran geht die Huldigung des Thrones. Dort findet die Krönung statt. Aus den Händen des Herrn Selbst, dem Herrn aller Herren empfängt der Überwinder seine ihm eigentümliche Krone und wird als königlicher Bürger beglaubigt vor allen Anwesenden. Er hat mit dieser Krone seinen neuen Namen und die Vollmacht zum königlichen Dienst in der Unendlichkeit. Der Sohn bekennt ihn vor Seinem Vater und den übrigen Throngewaltigen, den sieben Geistern, die vor Gott stehen, als Verkörperung der Herrlichkeit Gottes in Seinen verschiedenen Wesenseigenschaften. So wird in die himmlische, königliche Familie aufgenommen, wer treu erfunden wurde. Für die betreffende Seele ist dieser Moment, der glückseligste und herrlichste Augenblick. Was ihr noch geschenkt werden kann an Gnade und was noch für sie ertragbar ist an Freude, das wird ihr dabei geschenkt.

Und vom Throne aus geht es dann unter der Führung königlicher Freunde in seine Ewigkeitswohnung, die der Seele vom Herrn und den Vorangegangenen bereitet ist. Dort im eigenen Heim begrüßt ihn der Herr als Erster durch Übergabe Seines ganzen Reichtums an Herrlichkeit. Und die Seele kann weiter nichts in dieser völlig unerwarteten Gnade tun, als den sich ihr nun gebenden „Freunde und Herzensbruder" bräutlich-liebend anzubeten. Er hat sie so unsagbar geliebt schon vor Grundlegung der Welt und alles Eigene für sie dahingegeben, um sie in höchster Glückseligkeit in der seligsten Ewigkeit bei Sich zu haben.

Dieser Augenblick der Vereinigung bedeutet für jeden einzelnen der dabei Anwesenden einen wahrhaft großen Beweis der Demut des Herrn von höchstem Ausmaße. Aber dort erwarten sie auch ihre Freunde, die sie auf Erden geführt und geleitet und vor den dortigen Gefahren bewahrt hatten. Sie erkennt wiederum, welch großen, tätigen Anteil der Himmel an ihrem Wohlergehen genommen hat, und wie kostbar sie in deren Augen sein muss.

Manche Begebenheit und Bewahrung in ihrem Erdenleben findet sie dort in den dreidimensionalen Bildern ihres Palastes, sowie in der Krone und in ihren Orden und Auszeichnungen. Dadurch bekommt sie, soweit dieses überhaupt noch möglich ist, eine so tiefe, ungeahnte Dankbarkeit und erkennt dann auch erst, was die Demut Gottes ist. Sie sieht, dass jeder Kampf, den sie siegreich bestanden hatte, auch seine Erinnerung und bleibende Auszeichnung hier im himmlischen Strahlenlichte erhält.

Was an Würde und Majestät dort offenbar wird, ist unvorstellbar. Es ist der Herrlichkeit des großen Königs aller Könige entsprechend, die ihresgleichen in der ganzen Unendlichkeit nicht mehr wiederfindet. Ist es da verwunderlich, dass der Überwinder zu Boden gerissen wird in heißester Dankbarkeitsliebe, dass er niederfällt, „Seinen Herrn, Vater, Freund und Bruder anbetet und huldigt" lange, lange Zeit, soweit man hier noch von Zeit reden kann. Diese Liebesanbetung ist auf Erden nicht zu finden, noch möglich, da solche Anbetung den Anbetenden töten würde im sterblichen Fleische. Und diese Anbetungshuldigung steigt als unbeschreiblich lieblichster Wohlgeruch zum Throne des Allerhöchsten empor.

Die einzelnen Wohnungen in dieser Stadt sind wunderbar verschieden. Jede ist eine einzigartige Kostbarkeit und alle insgesamt bilden eine himmlisch-harmonische Einheit, genauso wie die verschiedenen Perlentore in der verschiedenfarbigen Edelsteinmauer. Sie alle sind nicht aus Kristall, sondern aus Jaspis. Auch hier wohnen Seelenverwandte nahe zusammen. Dienst, Charakter und Rangordnung sind den einzelnen Palästen aufgeprägt. Es gibt größere und kleinere. Die größeren stehen im Einklang mit den auf Erden schon erweiterten Liebesherzen, die möglichst viele beschenken, um selbst noch mehr Glück als die Beschenkten dabei zu empfinden.

Die Einführung in den heiligen Dienst ist wiederum etwas Wunderbares. In den unteren Stufen standen auch die Überwinder mehr oder weniger unter der betreuenden Leitung des Herrn und werden daher auch von Ihm Selbst in den heiligen Dienst eingeführt. Auch diese Einführung gestaltet sich wieder zu einem himmlischen Fest, an dem die ganze Ordnung der Königspriester teilnimmt. Der anbetende Jubel füllt dabei den Tempel des Herrn mit himmlischer Freude. Hier in dieser Stadt gibt es, da alles hier vollkommen ist, Bindungen der Freundschaft, die an Stärke und Gemeinschaft durch Vereinigung der Seelen alles Bisherige in den unteren Stufen weit, weit übertreffen. Wenn der Überwinder eingeführt wird in seine ewige Heimat, dann darf er auch ein Fest geben, bei dem dann alle zugegen sind, die an seinem Leben mitgearbeitet, mitgebetet und mitgerungen haben und ebenfalls nun all die Herrlichkeiten dieser Stadt mit ihm teilen. In diese Stadt kann keiner gelangen, der nicht die erforderliche Heiligung und Reife dafür erlangte. Von den oberen Stufen kann wohl nach unten hin frei herniedergestiegen werden, doch niemals umgekehrt. Es sind wohl seltene Ausnahmen vom Herrn Selbst vorgenommen, doch haben diese Unreifen aus den untern Stufen oder gar höllischen es als unerträglich empfunden, so dass sie nach ihrem eigenen Willen schneller als der Blitz mit entsetzlichem Wehegeschrei wieder in ihre früheren Örter fielen. Deshalb können die Seelen aus den unteren Stufen nicht teilnehmen an der Festen der siebten Stufe.

Da alles Leben und alle Kraft in der Unendlichkeit vom Herrn Selbst ausgeht und nirgends eine andere Lebenskraft vorhanden ist, so ist die eigentliche

Herrlichkeit der Herr Selbst. Alles Licht, alle Schönheit aus der Liebe, Ordnung, Gerechtigkeit und Heiligkeit des Herrn ruht herrlich strahlend über dieser Stadt, als wunderbar sanfter und für nicht völlig Geläuterte, unerträglicher Glanz.

Straßen, Plätze, Paläste und Gärten und der Strom des lebendigen Wassers, selbst die Bäume, Pflanzen und Blumen verkünden allesamt den Reichtum der Liebe Gottes. Es ist überwunderbar, wie dort das sanfte Liebelicht und Leuchten Gottes alles verklärt. Die wunderbarsten Gottesgedanken treten hier Seinen Kindern enthüllt in Erscheinung. Was dort an Lebendigem hervortritt, ist nur noch Herrlichkeit Gottes. Ob das nun die Vogelwelt, Bäume oder Blumen sind oder die auch dort lebenden Tiere betrifft, sie alle sind Herrlichkeit! Alle atmen daher auch Leben aus, ewiges Gottesleben!

So leuchten die Überwinder in ewiger Jugend und ihr Vater von Urewigkeitsbeginn ist Selbst bei ihnen in der blühendsten Lebensjugend. Ist das nicht herrlich schön? Und doch trägt alles die Würde himmlischer Reife, Vollendung und Majestät. Ihre Kleider sind glänzend weiß wie die Sonne am hohen Tage. Dort herrscht auch der Purpur und bei den Himmelsfesten wird er getragen. Er steht immer in Verbindung mit dem Dienst des Trägers. Die Feste der Erlösung werden im himmlischen Jerusalem stets mit großer, ungeteilter Freude und Innigkeit gefeiert aus tiefster Dankbarkeit zum Urheber aller dieser Glückseligkeiten. Und wie überaus erquickend diese Feste sind, wo alle Teilnehmer frei, völlig frei sind von jeder Eitelkeit, Selbstliebe, Neid und Missgunst. Das ist für euch Erdenbewohner unvorstellbar, die ihr euch noch von diesen argen Eigenschaften völlig reinigen lassen müsst, durch die Liebeskraft des Blutes Jesu Christi.

Dort erst geht dem Überwinder die unendliche Größe der Barmherzigkeit Gottes in Jesu Christo auf und er schaut klaren Auges hinein in die Länge, Breite und Tiefe dieser erbarmenden Liebeskraft der Demut. Vom Throne pflanzt sich der Jubel weiter fort bis in die untersten Stufen, ja bisweilen hörbar selbst auf Erden, einem frommen Herzen, das sich der Liebe Jesu ganz zu Eigen gegeben hat. Was völlige Freiheit von der Erdenschwere und Erdensünde an Glückseligkeit hervorbringt und vermag, das sieht jeder erst hier im Licht. All die Worte: Lobpreis, Anbetung, Jubel, Glückseligkeit, Herrlichkeit sind hier im Lichte der persönlichen Gegenwart des Herrn Wirklichkeit.

Denke nicht, dass solches auf die Dauer verflachen und zur leeren Form oder Gebärde herabsinken kann, wie es leider bei euch auf Erden fast immer der Fall ist, in den am Anfang noch lebendigen, neuerweckten Gemeinden; aber auch in den sogenannten „aus Liebe geschlossenen Ehen".

Über der Stadt, unnahbar den Vollendeten ist der Thron des Vaters, des Sohnes und des Heiligen Geistes. Er ist eingehüllt in das Feuer der Cherubin und Seraphin.

„Niemand sieht den Vater, denn der Sohn und wem es der Sohn will offenbaren." (Lk. 10,22) So lauteten die Worte Jesu auf Erden. Wer kann hintreten in diese alles verzehrende Feuerglut? Alle erträgliche Herrlichkeit Gottes des Vaters, wird den Geschöpfen nahegebracht „im Sohne"! Aber alle Vollmacht des Heiligen Geistes offenbart sich in verzehrender Flammenglut der Gottheit, genannt: „das Zornfeuer Gottes."

In den sieben Erzengeln, die zum Throne Gottes gehören und in Wirklichkeit die sieben Eigenschaften der Heiligkeit des Wesens Gottes darstellen, erscheint Er in Seiner Machtvollkommenheit.

Gott der Vater, als „der unendliche Mensch" ist der Gott in Seiner Unendlichkeit, der da Seine Selbst- und Alleineinheit auf das Allerbestimmteste und Allerklarste denkt und in allen Seinen allerkleinsten Teilen fühlt. Er ist der Träger und Erhalter der unendlichen Vielheit in Sich. Er ist gestaltlich ein vollkommener Mensch, welcher von niemandem gedacht und empfunden werden kann, denn allein von Jehova-Jesus, der Ewigen Liebe in Gott. Und diese Liebe ist das alleinige Leben in Gott, dem Unendlichen, die da gestaltlich wieder als ein vollkommener Mensch ihren Sitz hat in der zentralen Tiefe der Unendlichkeit. Diese Liebe Gottes als positiv-polare Lebens- und Schöpferkraft Gottes ist ein ganz selbständiges Wesen, und von den sieben Geistern - die vollkommene Menschengestalt haben - der oberste, herrschende als alleiniger Schöpfer und deren Ordner und Erhalter. Durch diese Gottesliebe wurde alles Selbst und Nicht-Selbstbewusste seit dem Urbeginn der Schöpfung, aus unendlich kleinsten Atomen organisch miteinander verbunden und in selbständige Lebenstätigkeit gebracht.

Die materiell-geschöpflich denkende und handelnde Menschheit kann nicht die geistigen Lebensgesetze kennen und ihre sprachliche Ausdrucksweise kann nicht das Wesen und die Kraftgröße der einzelnen Geistwesen beschreiben in ihren siebenfachen Dimensionen. So schützen die sieben Geister, unter ihnen die ewige Liebe in Gott, die noch nicht völlig vergöttlichten Geister ihrer Schöpfung vor dem heiligen unendlichen Gottmenschen, der in sich ist ein alles verzehrendes Feuer. Die ewige Gottesliebe hat es sich zum Ziele gesetzt, alles von ihr Erschaffene zu diesem unendlichen Gott hinzuführen, indem sie durch und durch geheiligt, vergöttlicht, fleckenlos als die Gesellschafter des ihnen nun sichtbaren unendlichen

Menschen ebenfalls auch zu dessen Unendlichkeit herangewachsen sind. Die Gottheit ist dann mit ihrem einzigen Sohne - Jehova-Jesus - nicht mehr allein! „Dann werden sie Ihn sehen, wie ER ist und sie werden Ihm gleich sein (1. Joh. 3,1-2). Die unendliche, allerheiligste Vatergottheit ist demnach das Ziel aller Erdenmenschen, wozu ihnen Jesus den Weg frei gemacht hat durch Sein Opfer auf Golgatha. Hier wurden die Voraussetzungen errungen, das der unendliche Gottmensch den Blutgereinigten und Erkauften, Seinen Heiligen Geist als überwindende Kraft aus der Höhe senden konnte, welches ist der innere heilige Christus im umgezeugten Menschen.

Es wird also eine Ewigkeit heraufgeführt werden, in der der Vatergott allem Geschaffenen endlich gegenübertritt, in der völligen Offenbarung Seines unendlichen Wesens. Und es wird wahr werden was die ersten Apostel darüber kurz andeuteten.

„Gleichwie in Adam alle starben, also werden in Christo alle lebendig gemacht. Ein jeder aber in seiner Ordnung: Der Erstling Christus, danach die Christus angehören, wenn Er wiederkommen wird. Danach das Endziel, wenn Er das Reich Gottes, dem Vater überantworten wird. Er musste wohl herrschen, bis dass Er alle Seine Feinde unter Seine Füße legte. Wenn aber alles Ihm untertan sein wird, alsdann wird auch der Sohn selbst untertan sein dem, Der Ihm alles untertan gemacht hat, auf das Gott sei alles in allem!" (1. Kor. 15,22-28)

Bis dahin bleibt Jesus der alleinige Mittler zwischen der Gottheit und den Menschen in aller Wirksamkeit des unendlichen Vatergottes. Jesus Christus ist der Herr, durch den dieser Vater Sich offenbart bis zur heiligen Vollendung der Seelen, sei es in der Wirklichkeit im Lichte oder in der Durchführung seiner Gedanken auf Erden, in den sichtbaren oder unsichtbaren Himmeln.

Eure Erdenschule ist nicht mehr die alleinige Gotteskinderschule. Jesus-Jehova ist der Seligmacher, aber auch der Zurechtbringer und Richter aller Verlorenen. In unendlicher, höchst achtungsvoller Dankbarkeit betet der gesamte selige Geisterhimmel durch ihren Herrn Jesus den unendliche Vater und Jesus selbst an. Alle werden gesegnet durch Sein Lieben, Seine Fürbitte und Seine errungene unendliche Vollendung in des Unendlichen Ebenbild. Zu Ihm strebt der Himmel, um durch Ihn teilhaftig zu werden des Vaterherzens selbst, in dem sie allein teilhaftig werden können der unendlichen Herrlichkeitsnatur Gottes. Und keine größere Freude hat der einzige Sohn des Unendlichen, Jesus, als die Herrlichkeit des Vaters, Seines Vaters, den Erlösten zu vermitteln.

Von einem steht geschrieben, dass er dem Sohne Gottes gleich geachtet und Priester in Ewigkeit sei. Es ist der geheimnisvolle Melchisedek (Mei-lechi-sedec = Meines Lichtes Sitz), der neben dem Sohne erscheint. Ihm ging Abraham entgegen und opferte ihm als König von Salem seinen Zehnten. Er ist es, der das melchisedekische Hohepriestertum verkörpert, ohne Vater und ohne Mutter, d.h. auf Erden ungezeugt und ungeboren. Melchisedek ist einer der sieben Geister Gottes. Doch trägt auch Melchisedek nach dem Worte Gottes die Vollkommenheit in göttlicher Herrlichkeit. Wir merken seine Wirksamkeit und nehmen Anteil daran.

Mit Ehrfurcht schauen wir auf die sieben Geister am Throne Gottes. Um diesen Thron sind die 24 Throne und das mit Feuer gemengte „kristallene Meer". An ihm stehen zu Festzeiten die Seelen der Überwinder singend und spielend auf ihren Harfen zur Freude ihres

Herrn und Gottes. Unaussprechlich, mit irdischen Maßstäben nicht messbar, strahlt die göttliche Klarheit schon einen Teil Seines Uferfeuers in himmlischen Ratsversammlungen, von denen auch die Erde und alle Himmel gelenkt und gestaltet werden. Im Lichte dieser Throngemeinschaft sehen wir diesen „Hohenpriester von Ewigkeit", Melchisedek.

Dort sind auch die Jünger und Jüngerinnen Jesu Christi während Seiner Erdenzeit. Auch Maria, Seine Leibesgebärerin als Königin unter anderen Himmelsköniginnen, all jener Frauen die Jesum dienten, und Sein Leben durch die Hingabe und Liebe bereicherten. Maria ist also nicht die alleinige Himmelskönigin. Und unter diesen sind die vollendeten Frauen, die wie viele Männer weder das Feuer der Scheiterhaufen noch Kreuz oder Beil und Schwert fürchteten. Sie waren bereit, als Zeugen für Jesus, ihren Schöpfer, Gott, Heiland, Erlöser und Herrn alles hinzugeben. Nun leuchten sie im himmlischen Glanze und haben Teil an der göttlich, herrlichen Vollendung der Wege und Gedanken Gottes.

Noch kannst du nicht ahnen, was alles damit in Beziehung steht. Nur einen winzigsten Herrlichkeitsstrahl kannst du erfassen und dich von deinem inneren Christus dahin ziehen lassen, dessen brusterweiterndes Seufzen du schon oft bei tiefen Gotteseindrücken bemerktest. Er will dich hinziehen zu der himmlischen Herrlichkeit der unendlichen Gottheit, zu der du berufen bist.

Doch gilt es, das Letzte deines Eigenwillens aufzugeben und alles dafür zu wagen. Bitte Jesus darum, nie müde dabei zu werden oder gar lau und träge.

Ich will streben nach dem Leben

1) Ich will streben nach dem Leben, wo ich selig bin;
ich will ringen, einzudringen, bis dass ich's gewinn.
Hält man mich, so lauf ich fort;
bin ich matt, so ruft das Wort:
Fortgerungen, durchgedrungen
bis zum Kleinod hin.

2) Als berufen zu den Stufen vor des Lammes Thron,
will ich eilen; das Verweilen bringt oft bösen Lohn.
Wer auch läuft und läuft zu schlecht,
der versäumt sein Kronenrecht.
Was dahinten, das mag schwinden;
ich will nichts davon.

3) Jesus, richte mein Gesichte nur auf jenes Ziel;
lenk die Schritte, stärk die Tritte,
wenn ich Schwachheit fühl'!
Lockt die Welt, so sprich mir zu,
schmäht sie mich, so tröste Du;
Deine Gnade führ' gerade
mich aus ihrem Spiel!

4) Du musst ziehen, mein Bemühen ist zu mangelhaft.
Wo ihr's fehle, fühlt die Seele; aber Du hast Kraft,
weil Dein Wort ein Leben bringt
und Dein Geist das Herz durchdringt.
Dort wird's tönen bei dem Krönen:
Gott ist's, der es schafft.

Philipp Friedrich Hiller (1767)

Max Seltmann

ERLEBNISSE MIT JAKOBUS
auf der Reise nach Edessa

In Edessa im mesopotamischen Königreich Osrhoene, wird die Geschichte überliefert, dass König Abgarus V. von Edessa von dem berühmten Heiland Jesus und seinen Wundertaten Kunde erhielt. Da er selbst schwer erkrankt war, sandte er einen Boten an Jesus, um ihn nach Edessa einzuladen, damit dieser ihn von seiner schweren Krankheit heilen möge.

Jesus pries den König selig: „Selig bist du, der du an mich geglaubt hast, ohne mich gesehen zu haben." Da er aber nicht persönlich zu ihm kommen konnte, versprach er zu einem späteren Zeitpunkt, einen seiner Jünger zu senden. Diese umfangreiche Erzählung handelt nun von den Erlebnissen des Jüngers Jakobus auf der Reise von Jerusalem nach Edessa zu König Abgarus.

Was der Jünger Jakobus auf dieser zweijährigen Reise durch die Heidenländer an Begegnungen, Wundern, Krankenheilungen und Zeugnissen erlebte, erfahren wir in dieser inspirierenden Erzählung, die weit mehr ist, als nur ein Roman.

Paperback, 580 Seiten, (21,5 x 13,5 x 4,0 cm)
Preis: 19,80 € oder als E-Book 9,99 €
ISBN 978-3-7528-7356-6
Bezug portofrei über
Books on Demand Buchshop

Max Seltmann

Naeme

Ein Lebensschicksal
und die Führungen Gottes
zurzeit der ersten Christen

Diese Erzählung handelt von den Erlebnissen einer jungen Frau, der Tochter eines jüdischen Tempelpriesters, die sich zurzeit der ersten Christen in Jerusalem zum Christentum bekehrt.

Sie erlebt das Leid der Christenverfolgung am eigenen Leibe, aber auch die Führungen Gottes und den Segen eines im Glauben und Vertrauen gegründeten Lebens, welches sie durch die Wirren der damaligen Zeit hindurchträgt.

Paperback, 104 Seiten, Format 19 x 12 cm
Preis: 5,99 € oder als E-Book 2,99 €; ISBN 978-3-7534-0674-9

Erlebnisse mit Jesus

Diese Erzählung beinhaltet Szenen aus dem Erdenleben des jungen Jesus vor dem Beginn seiner Lehrtätigkeit.

Von Jesu Kämpfen und Versuchungen und dem Unverständnis seiner Umwelt gegenüber seiner großen Mission wird in anregenden und bewegenden Episoden berichtet.

Paperback, 94 Seiten, Format 19 x 12 cm
Preis: 5,99 € oder als E-Book 2,99 €; ISBN 978-3-7534-0695-4
Bezug portofrei über
Books on Demand Buchshop oder im Buchhandel

Amanda und Amara

oder der Weg zur Schönheitsquelle

„Als ich eines Tages darüber nach-
sann, wie es im frühesten Altertum,
jener goldenen Zeit, von der die Dich-
ter so häufig sprechen, gewesen sein
muss – und besonders, wie man damals unterrichtete, als es noch keine
Schriften gab und der Mensch über
das Wahre und Heilige bei offenem,
geistigem Gesichte und durch den
Verkehr mit Engeln belehrt wurde, die ihm die Wahrheiten des Himmels mitteilten, - fiel ich in einen festen und
sehr angenehmen Schlaf und es träumte mir, ich lebe
selbst in jenen glücklichen und friedvollen Tagen.“

Mit dieser Einleitung beginnt diese gleichnishafte Erzählung, die in der irdischen und himmlischen Welt spielt.
Wir begegnen zwei ungleichen Schwestern, während die
eine liebenswürdig und schön ist, ist die andere boshaft,
neidisch, zänkisch und hässlich.

Ebenfalls nach Schönheit sich sehnend, begibt sie sich
unter der Führung und Belehrung von Engeln auf den
Weg in die himmlischen Welten zur Quelle der Schönheit,
die sie aber erst nach vielen Prüfungen und Läuterungen
erreichen wird.

Der Weg zur Vollkommenheit wird in dieser Parabel in
eindrucksvollen Bildern geschildert, er führt in und durch
unsere eigenen inneren, lichten und dunklen Seelenwel-
ten, in deren Tiefen das Wasser des Lebens aus der wahren, göttlichen Quelle entspringt.

Paperback, 48 Seiten, 3,99 € / E-Book: 0,99 €
ISBN 978-3-7526-0765-9
Bezug: Books on Demand Buchshop oder im Buchhandel